大
方
sight

Federico García Lorca

谛听这个世界：洛尔迦访谈录

洛尔迦作品集

汪天艾 主编

［西］费德里科·加西亚·洛尔迦 著

黄韵颐 译

中信出版集团｜北京

图书在版编目（CIP）数据

谛听这个世界：洛尔迦访谈录 /（西）费德里科·加西亚·洛尔迦著；黄韵颐译 . -- 北京：中信出版社，2025.4. -- ISBN 978-7-5217-7364-4

I. K835.515.6

中国国家版本馆 CIP 数据核字第 2025M3J793 号

谛听这个世界：洛尔迦访谈录
著者：　［西］费德里科·加西亚·洛尔迦
译者：　黄韵颐
出版发行：中信出版集团股份有限公司
（北京市朝阳区东三环北路 27 号嘉铭中心　邮编 100020）

承印者：　河北鹏润印刷有限公司

开本：720mm×1000mm　1/32　印张：10　字数：127 千字
版次：2025 年 4 月第 1 版　印次：2025 年 4 月第 1 次印刷
书号：ISBN 978-7-5217-7364-4
定价：55.00 元

版权所有·侵权必究
如有印刷、装订问题，本公司负责调换。
服务热线：400-600-8099
投稿邮箱：author@citicpub.com

主编的话

> 你看他这时走了过来
> 像集中了所有的结局和潜力
> 他也是一个仍去受难的人
> 你一定会认出他杰出的姿容
> ——张枣《薄暮时分的雪》

一九三六年那个严酷的夏天,西班牙内战爆发后的第一个月,艺术家费德里科·加西亚·洛尔迦的声音永远湮灭于家乡的乱岗。

> 谁都看见他在枪炮中间,
> 走下冷清的村子旁边
> 迢遥的道路,

在星光稀微的晨曦中。

在最初的光线里，

他们射杀了费德里科。

这些谋杀的匪徒，

不敢看一看他的脸面。

他们全都闭下了他们的两眼。

安东尼奥·马查多是这样写的，此处所引汉译本出自民国诗人高寒之手，1938年7月发表在"中华全国文艺界抗敌协会"会刊《抗战文艺》时——那时，中华民族也正为自己的反法西斯事业浴血而战，而洛尔迦的名字与围绕他的有力哀悼已经来到中国读者面前。后来，戴望舒所译《诗钞》经施蛰存整理出版，来自安达卢西亚沙地与橄榄树的声音在北岛、顾城、芒克等诗人的肺腑间重生；后有西语译坛泰斗赵振江老师等译家对洛尔迦的诗歌和《血婚》等代表剧作进行了更为全面的译介。

珠玉在前，今次的"洛尔迦作品集"将陆续推出他的先锋戏剧三部曲、演讲录、访谈录和书信集，集中译介此前在汉语世界中仅少量散见的文本。这些文本不仅有场景、有声音、有身体表现，也是有明确且具体受众的讲与听的互动。他在作品首演的舞台上，在田间地头，在工厂和护士学校里，表达着自己对文学创作与社会情势、历史感受与身体经验的思考。对于已在中国读者群中有悠久影响力的洛尔迦其人其作，我们希望这是一次复读亦是重识，通过洛尔迦对自身创作和艺术实践的思考，追溯他猝然中止的生命中某种精神性的存在，直到那高于生死的岿然不动的形体显形出来，凝定在纸页上。此外，我们还将根据西班牙出版的官方定典版诗全集底本首次为读者呈现洛尔迦的诗歌作品全本。这套作品集是对已有洛尔迦作品汉译的扩容和补白，希望奉献给读者一个叠加在夜曲诗人、殉道者、安达卢西亚文化代言人之上的更为复杂、更为丰富，也更为亲密洪亮的洛尔迦。

洛尔迦的生前身后留下了无尽遗憾，其中常为全世界的洛尔迦研究者扼腕的一大憾事，便是没有现存任何录音带保留下他那传奇般的声音。虽然他生前在西班牙和拉美都常有电台访问或现场演讲，录音带几乎都在席卷大洋两岸的战火与社会动荡中遗失。豪尔赫·纪廉曾说："洛尔迦寻找的不是读者，而是听众。"那么，亲爱的读者，呈现在你们面前的这套书，是他有声的艺术思考与实践，愿每个热爱洛尔迦的人都能成为他的听众，穷尽想象去复写他的声纹。

*

感谢为这套作品集付出无限才情与心力的几位译者，他们在成为洛尔迦热切亦专业的研究者之前，早已是他深情的听众，将他的声音糅进了自己的骨血。感谢最早鼓励我主编这套书的作家赵松，感谢心倾弗拉门戈艺术的出版人蔡欣全然的信任，感谢编辑引弘的巧思与细致。

谨以这套"洛尔迦作品集"献给我们早逝的朋友胡续冬。大约十年前，他为自己指导的一篇关于洛尔迦的硕士论文向我问起精魂理论，并感叹洛尔迦尚余太多对艺术理念的思考和书写值得译介。

——胡子，那时我们讨论过的文本，这一次都译出来了，还多了很多你会喜欢的。

"明月出天山，苍茫云海间。"

愿你已在月亮升起的地方解开了耳朵，解开了大地肮脏的神经，正与我们的费德里科一起，宣读着每个不可思议的夜。*

汪天艾
二〇二四年十月末

---

* 末段改写自张枣的《夜》。

目　录

文字生涯　　　　　　　　　　　　　　　　　　　　　1
　　同船一日纪实 /1933　　　　　　　　　　　　　　　3
　　寻找精魂 /1933　　　　　　　　　　　　　　　　　42
　　在另一个世界对话 /1931　　　　　　　　　　　　　49
　　脑海里的纽约之诗 /1933　　　　　　　　　　　　　58
　　诗歌的亲切秘密 /1933　　　　　　　　　　　　　　69
　　诗人生活 /1934　　　　　　　　　　　　　　　　　78

来时路　　　　　　　　　　　　　　　　　　　　　93
　　一个西班牙年轻人的踪迹 /1928　　　　　　　　　95
　　一次家中访问 /1935　　　　　　　　　　　　　　107
　　与加利西亚 /1933　　　　　　　　　　　　　　　116

大幕拉开 125

《玛丽亚娜·皮内达》首演 /1927 127

诗人洛尔迦和他的悲剧《血婚》/1933 137

《血婚》在布宜诺斯艾利斯 /1933 143

《了不起的鞋匠婆》之一 /1933 148

《了不起的鞋匠婆》之二 /1933 154

《玛丽亚娜·皮内达》/1933 164

《耶尔玛》/1934 172

《笨贵妇》/1935 179

《单身女子罗西塔》/1935 187

我们时代的戏剧 193

来自剧院上方的光 /1934 195

关于戏剧俱乐部的倡议 /1933 206

在莱昂 /1933 214

访"茅屋"剧团团长 /1933 224

谈"茅屋" /1933 229

为了人民的戏剧 /1934 236

当今戏剧六问 /1935　　　　　　　　　　　　242

　　戏剧与现实：致加泰罗尼亚工人 /1935　　　　251

最后的 1936 年：绝响二则　　　　　　　　　　　261

　　与洛尔迦的文学对谈 /1936　　　　　　　　　263

　　我是所有人的兄弟 /1936　　　　　　　　　　274

怀念：未完成　　　　　　　　　　　　　　　　287

　　与洛尔迦会面 /1946　　　　　　　　　　　　289

　　未尽的事 /1937　　　　　　　　　　　　　　301

文字生涯

同船一日纪实[1]
（1933年）

  一个热爱接近风流人物的记者一定很像灵魂的猎手。我对此总是十分热衷。和这些超凡脱俗、献身艺术的人在一块儿，生命就有了另一种意义。和他们交谈，与他们愉快相聚，感受这些天之骄子或纤细或热烈的颤动，能让人感觉不那么孤独。艺术家们能够抚慰生命内在的、无法抹去的悲剧底色。他们比谁都更明白如何在日常生活的一片片灰色麻布之间打上色彩悦目的补丁。他们来自其他世界的吐息能让人忘记这个时代的暴力和粗野。

  我在旧世界的不同天空下接待过许多人。我

---

[1] 本文于1933年10月11日和15日分两部分发表在布宜诺斯艾利斯的《画报》（*Noticias Gráficas*）上。（本书脚注如无特殊说明均为原书注。）

们¹的艺术家没有灵魂。巴比塞（Barbusse）叫我喜欢，在他桑利斯的孤独隐居所里，圣女贞德的武器遗留下奇伟战役的回音。柯莱特（Colette）使我忧伤，在巴黎克拉里奇酒店（Claridge Hotel）的阳台上，她看着生命远去，晚霞在凯旋门的灰色上覆满泛着血红的金。卡尔科我觉得很有趣，他有种楚佬²味，带着孩子般的微笑。德雷福斯佩勋章的影子激起我的敬佩，一个阳光明媚的下午，我在大道上遇见这位被判流放魔鬼岛的先生。圣乔治·德·布埃利耶幽居之处那种资产阶级的低调平静则令我艳羡³……

---

1 这里指采访者所属的阿根廷及拉丁美洲其他说西班牙语的地区。——译注
2 楚佬（chulo）指的是身着特定街区传统服饰的马德里下层平民。——译注
3 亨利·巴比塞（Henri Barbusse, 1873—1935）的成名作是反战小说《火线》（*El fuego*）。柯莱特（Colette, 1873—1954），小说家，《克罗蒂娜》（*Claudine*）的作者。弗朗西斯·卡尔科（Francis Carco, 1886—1954），小说家，《被追捕的人》（*L'homme traqué*）的作者。阿尔弗雷德·德雷福斯（Alfred Dreyfus, 1854—1935），法国军人，因当时的反犹氛围被错误地指控为间谍，他的案件掀起了影响深远的争论。圣乔治·德·布埃利耶（Saint-Georges de Bouhelier, 1876—1947）起草了一份反象征主义的自然主义宣言。

太多太多，我不愿数下去，叫人心烦……变得像在虚荣地炫耀自己环游世界的经历……像一个交友广泛的小人物自负地列举……但我要告诉你们，我寻找这些人，是因为我喜欢他们胜过你们，如此悲伤，如此无聊，如此彻头彻尾地空虚，如此虚荣又残忍的你们。

诗人到底在什么鬼地方？

这个问题进出嘴唇之前，我们站在蒙得维的亚码头，用目光扫遍了"伟大伯爵号"（Conte Grande）的船舷，却没有找到加西亚·洛尔迦。我们爬上舷梯，在这庞然大物的甲板上来回寻找，但也是徒劳无功。诗人没有现身……对……他跑到什么鬼地方去了？

我们在一个意料之外的角落逮到了诗人，角落很小，刚够挤下他和恩里克·迭斯·卡内多（Enrique Diez Canedo）——驻乌拉圭的西班牙部长，同时也是卓越的评论家——后者正和他亲热地交谈着。就在这时,乌拉圭的记者和摄影师们围住了诗人。一个问他愿不愿意住在火星上,另一个问他爱穿什么颜色的大衣。这个要他手写一份致辞,那个奉上一本书请他签名。两位小姐拿着可怕的签名簿上前——诗人们总被签名簿追赶。但她们想要的是一首诗。没时间了。巨轮的汽笛撕裂天空和鼓膜……船将启航……在强力螺旋桨留下的嘈杂余迹里,朝阳洒满了鱼鳞。

诗人发出极富感染力的孩子般的笑声,另一位大约正抱怨着方才的围攻。诗人笑着,带着无法避免的疲倦,但又觉得这些客套很好玩。多亏了胡安·雷福索(Juan Reforzo),这位知名的企业家、堂娜洛拉·门布里韦斯(Lola Membrives)的丈夫的推动,我们才能把加西亚·洛尔迦请到布宜诺斯艾利斯。也是他牵线让我们认识[1]。

---

[1] 加西亚·洛尔迦之所以能在布宜诺斯艾利斯大获成功,很大程度上是由于他和巴勃罗·苏埃罗(1898—1943)的友谊。他们1936年又在马德里见了一面。1937年,巴勃罗·苏埃罗曾追(转下页)

要了解一个人，一天足矣。我之前就认识加西亚·洛尔迦了，你们已经从我这儿得知，他是西班牙语诗人里最有力量、最深沉、最纯粹的一个。在他高贵的诗歌中，古老的经典与最高贵、最鲜活的现代感性相连。他的诗歌诞生在古老的贝蒂斯（Betis）[1] 河畔，河水曾映照尤利乌斯·恺撒的阴沉面容。他的诗歌在格拉纳达的潺潺泉声中摇晃，以喷泉般的热烈上升，以迷狂的玻璃绳结编织抒情广袤、普遍的意义。加西亚·洛尔迦是位安达卢西亚诗人，更是位吉卜赛诗人。如他歌颂的一位吉卜赛歌手一样，他也拥有"法老的身躯"。他在灵感中种下从一切征服中归来的伊比利亚民族的普遍性。加西亚·洛尔迦的诗歌里盈满阿尔拜辛洞穴的清凉阴影，安达卢西亚歌曲热烈而庄严的节奏。在

（接上页）忆过加西亚·洛尔迦，见 «Los últimos días con Federico García Lorca», *España levanta el puño. Palabras al borde del abismo*, Introducción de Andrés Soria Olmedo, Edición a cargo de Víctor Fernández, Barcelona, Papel de Liar, 2009, pp. 245-253。

1　瓜达尔基维尔（Guadalquivir）河的古名。——译注

他的意象里,为激情所点燃的雄性与雌性的阴郁眼睛闪耀发光。他的领土是粉刷了石灰的发白风景,阳光从这片风景中射出,刺穿只在公牛光亮的深色毛发上栖息的眼睛……主导他诗歌的是交响的主题。马儿、叫喊与折刀。

我在四处
都
看见匕首
刺进心中……

马儿、叫喊与折刀

马儿忠于人类,带他奔驰,满足所有雄性内心催逼着的离开的渴望。叫喊,如此野蛮、如此人性、如此可怖的东西。它有关生与死、快乐与痛苦、接受与拒绝。折刀,钉在"叫喊的幽暗根须颤动之处"的"小刀子",支配生命的致命暴力的象征。这把每时每刻都钉在加西亚·洛尔迦灵魂中的小刀子：不，不要刺穿我，不要。

每个伟大的诗人都有将瞬间变为永恒的能力。他们从周围的环境里汲取营养，扩展它，将它晾在风中，用它的碎片塑造海市蜃楼的实体。这海市蜃楼正是地平线。永远有更远的彼方，但我们肉身之现实无法抵达。

加西亚·洛尔迦有种抒情诗人的纯粹，藐视一切佐料和调味。因此，他的诗歌纤美精微，变为情感本身。他组织诗歌的手段之高明是显而易见的。但在高明之外，比高明更重要的，是从他祖先那里流传下来，仍在他全部的血液里奔涌的东西。一个民族会挑选用于表达的语言，在漫长的合成过程之后，它会在一些特定的人身上成功达自身。那些在格拉纳达拉维加（la Vega）地区劳作的黝黑祖先给予了我们的加西亚·洛尔迦朴素语言的丰硕种子。之后，诗人又用艺术的技艺和奇巧丰富了它。

看见他这么年轻，几乎还是个孩子，我不禁问自己，他是怎么创造出《血婚》(*Bodas de sangre*)致密而又质朴的语言的？他是怎么为一个孩子被匕首夺去生命的悲痛母亲找到恰切表达的？他又是怎么在这样年纪轻轻时就构想出如此成熟、具有不朽风采的作品的？《血婚》是一道里程碑，标志着西班牙戏剧的重生。《血婚》将西班牙戏剧从乏味的喜剧中拯救出来，重新赋予它戏剧存在所必需的意义。《血婚》是一部大地在其中说话的作品，有着被血块侵蚀的干燥泥土的味道。《血婚》是戏剧向民间的回归。合唱队像在古希腊悲剧里一样，重拾了它评论的功能。

而这一切，在加西亚·洛尔迦身上显得多么新颖啊！作家只有在被民族精神附身时，才能写出这种高度的作品。看到杰出的悲剧女演员洛拉·门布里韦斯主演这部戏剧的时候，我们所有人都感到自己正面对着一部伟大的作品。她是为数不多尚存于世的好演员之一，在表演中尽数展现她深沉而丰沛的情感。

但是,你们愿意告诉我们,你们到底是什么人吗?

宽阔的肩膀,漂亮的额头,李子颜色的目光。加西亚·洛尔迦给人以活泼健旺的印象。他游戏,他大笑。但他又会突然用生动有力的语言谈起崇高的事物,话语中充满激情与热忱,最后以某个笑话收尾,别人还没笑,他就先笑了,笑声有一些沙哑。他的安达卢西亚口音会吞掉音节。他讲话总是很快,激情洋溢,最重要的是流露出真诚和温柔。

陪同他一道前来的还有他的挚友曼努埃尔·丰塔纳尔斯(Manuel Fontanals),当今最出众的舞台设计师之一。曼努埃尔·丰塔纳尔斯是个说话低声细语,好像刚从一所英国学校里溜出来的金发小伙子,也非常亲切。

加西亚·洛尔迦在聊天中将各种话题揉作一团,轻松又奇妙地从一个话题跳到另一个,令人惊异,但又很愉快。他说:

"我们旅行时一直在工作……这艘船上载满了僵尸……我们跟谁都没有说话……我们阅读、工作。此外,我们也找了很多乐子,纵情欢笑……这里所有人都很无聊。我觉得他们很嫉妒我们……船到里约热内卢的时候,有几位小姐再也受不了了。她们过来找我们,直截了当地问:'但是,你们到底是什么人啊?'您知道在蒙得维的亚,当摄影师用镜头对准我,记者向我提问的时候,我在想些什么吗?我在想巴拉达斯,那位杰出的乌拉圭画家。乌拉圭人,还有我们这些西班牙人,就那样任他饿死[1]……这种对比叫我很伤心……在蒙得维的亚的一场演讲里,我忍不住说了这件事……我情难自禁……给我的这一切,人们却不肯给他……"

船上一日的漫长交谈中,我发现在加西亚·洛尔迦身上有两种能力平分秋色,快乐的能力和凝重

---

[1] 据莫拉·瓜尔尼多(Mora Guarnido)讲述,几个月后,诗人在逗留蒙得维的亚(Montevideo)期间去祭拜画家好友拉法埃尔·巴拉达斯(Rafael Barradas,1890—1929)。

的能力——不是那些僵尸大使驴子般的笨重——这点从一开始就已显露。

加西亚·洛尔迦出版得很少，但创作得很多。我们谈到了这一点。

书和计划

"我不喜欢出书。我写完了五本诗集……其中一本叫《诗人在纽约》(*Poeta en Nueva York*)，我会在'艺术之友'协会的一场讲座上朗诵，并附上解说。……还有一本《颂歌》(*Odas*)集，很无聊（他笑着说）……再有一本叫作《因为我只爱你一个（一场华尔兹）》，我在里面谈论了很多人们觉得过时，我却很喜欢的东西……我讨厌时尚……朋友们有时候会对我说：'费德里科，你不能这么说……想想你的处境……'啊，我就是要说！为什么我不能说我喜欢索里利亚（Zorrilla），喜欢肖邦，喜欢华尔兹？这本书就写于华尔兹的时代……

如此甜美、可爱、轻柔……我不喜欢出书……对，我有五本没出版的书……这么想一想，我做得很不好……在墨西哥，我的《沃尔特·惠特曼颂歌》（*Oda a Walt Whitman*）刚刚有了一个非常精美的版本[1]……阿方索·雷耶斯（Alfonso Reyes），伟大的墨西哥作家兼驻巴西大使，前不久在里约热内卢给我远远地看了一眼样书……他们印的数量不多……阿方索·雷耶斯可真是令人倾倒啊！……他给我们读了他的《里约热内卢谣曲》（*Romances del Río de Enero*）[2]里的一些诗……美极了！这个人有一种灵魂的高贵，要到一定的年纪，才能拥有这样的品质。安东尼奥·马查多（Antonio Machado）也是一样……你们很快就会见到我的一本书出版……我把它送给了一位结婚的朋友……

---

[1] México, Alcancí, 1933. 本书配有曼努埃尔·罗德里格斯·洛萨诺（Manuel Rodríguez Lozano）的插图。

[2] "Enero" 在《散文》（Federico García Lorca, *Obras Completas* Ⅲ. *Prosa*, Edición de Miguel García Posada. Barcelona, Galaxia Gutenberg/Círculo de Lectores, 1997. 下文简称 *Prosa* 或《散文》）中作 "Nero"。

一位诗人朋友……是我送他的结婚礼物……让他出版[1]……"

纽约见闻

"您之前去纽约做什么?"

"去学习……我在哥伦比亚大学待了一年……纽约很可怕……叫人难受……我有幸目睹了最近一次股灾的恐怖景象……令人很心痛,但确实是一次宝贵的体验……一个朋友跟我提起,于是我俩就去看了看这座深陷恐惧之中的大都市……那天我目睹了六起自杀。我们走在街上,突然就有一个男人从阿斯特酒店(Hotel Astor)的高楼上跳下来,在沥青上摔扁……很疯狂……一条泛滥的黄金之河涌入大海。那天酒店的杂工们干了许多活,到

---

[1] 指《最初的歌》(*Primeras canciones*)。诗人将其作为礼物送给1932年与孔查·门德斯(Concha Méndez)结婚的曼努埃尔·阿尔托拉吉雷(Manuel Altolaguirre),后者经营印刷公司,1936年出版了这部作品,收入他的"英雄丛书"。

处都能碰上可怜的小伙子累坏了躺在地上……真是难以忘怀……我见到了现代生活,见到了震撼人心的黄金的戏剧……我从纽约去了哈瓦那……多美妙啊!……我站在莫罗城堡前,心潮澎湃,欢喜万分,甚至脱下手套和风衣扔在了地上……安达卢西亚人为什么事高兴的时候,就会扔点什么,打碎点什么,一个瓶子,一个杯子……"

之后,他和我们谈起了他匆促的旅行准备。他想起之前办护照时必须回答的一个问题,笑出声来。那个问题是:"您乞讨过吗?"

"我真想回答乞讨过……是真的……我在托莱多和我的一个朋友,一位伟大的表现主义画家,萨尔瓦多·达利[1],一起乞讨过。我们去到托莱多,因为太喜欢那座城市,所以最后花光了钱,不得不找我们的朋友要返程路费……他们从马德里给我们汇了钱,但我们还是太留恋托莱多,于是又待了几

---

1 在《散文》中作"丹尼尔·加利"。

天，弄得路费也不够了……我们穿着草鞋，挂着小贩的手杖……我们乞讨的时候说：'施舍我们一点钱买车票吧……我们只差一块五就能买票了，先生……'……哎，办护照问的那些问题，真是太好笑了……泰戈尔都不想入境美国，因为有个官员问他：'您想过要谋杀总统吗？'"

加西亚·洛尔迦的笑声在整艘船上跃动。那些严肃的老年乘客惊愕地转过头来……

我再加上一则轶事：贝纳文特（Benavente）来布宜诺斯艾利斯的时候，也被要求填一张表，表里面问他："您会读写吗？您行为良好吗？"堂哈辛托（Jacinto）[1]很恼火，没多久就回国去了。

气质好似牛津男孩的丰塔纳尔斯说，他有一次和歌舞剧经理欧洛希奥·贝拉斯科（Eulogio Velasco）——这位也来过布宜诺斯艾利斯——坐火车从马德里去巴塞罗那，碰上一个警察，要以没

---

[1] 堂哈辛托与贝纳文特均指哈辛托·贝纳文特（Jacinto Benavente）。——译注

带证件的理由逮捕贝拉斯科。丰塔纳尔斯出来为贝拉斯科担保，警察同意了，贝拉斯科对此很惊讶。"是啊，"丰塔纳尔斯对贝拉斯科说，"您旅行不带证件，这是不行的……永远不能不带证件出远门……您看，我没带我的证件，就找一个朋友借了。"接着，他向大惊失色的贝拉斯科出示了一份证件，证件照和熙德有多像，和丰塔纳尔斯就有多像……

我喜欢别人写的诗

加西亚·洛尔迦是个很简单的人。他谈起他的诗歌，仿佛自己只是一名读者。他不关心自己做过的一切。这并不是常见的那种虚伪的谦虚。如果你们跟他谈起《血婚》，他就会兴致高涨地讲起两部没能上演的戏剧。据他所言，这两部才是他想写的戏剧。这两部作品分别叫《就这样过五年》(*Así que pasen cinco años*)和《观众》(*El público*)。他讲演的题目则是《一座城市如何从十一月唱到十一月》(«Cómo canta una ciudad de noviembre a noviembre»)。讲演配以音乐说明，由他本人弹奏钢琴。

"因为我首先是个音乐家。"他十分严肃地说道。

"是啊，就像安格尔和爱因斯坦也拉小提琴。"我对他说。除了刚刚说的那场讲演，还有《一位在纽约的诗人》，配有音乐碟说明的《安达卢西亚原始歌吟》(«Canto primitivo andaluz»)，还有《精魂：游戏与理论》(«Juego y teoría del duende o el alma española en el arte»)[1]。这些讲演都是关于民间主题、音乐和民俗的。他还会做一场有关"茅

---

[1] 《精魂：游戏与理论》的讲演10月20日在艺术之友协会举行，之后又于11月14日在大道剧院再次举行；《一座城市如何从十一月唱到十一月》，10月26日；《一位在纽约的诗人》，10月31日；《安达卢西亚原始歌吟》，11月8日，此处提到配有音乐碟片，说明讲演依照的不是1922年的第一版，而是第二版，即《深歌的结构》(*Arquitectura del cante jondo*，见 Christopher Maurer, *Federico García Lorca y su Arquitectura del cante jondo*, Granada, Patronato Municipal Huerta de San Vicente/Editorial Comares, 2000)。

屋"(La Barraca)剧团的讲演,众所周知,加西亚·洛尔迦和爱德华多·乌加特(Eduardo Ugarte)一起领导这个剧团,这个旨在为人民拯救戏剧的剧团。

加西亚·洛尔迦将胳膊肘支在船舷上,惊奇地望着布宜诺斯艾利斯海岸灯光串起的珠链……他的惊奇中有一种又似孩童又似成人的热忱……他到过许多地方,但仍热爱陌生的城市。远方的布宜诺斯艾利斯向他送来神秘的暗示,而他怔怔地望着它……

"**多壮观啊!**"他赞美道。

下船时,一群老百姓拥抱了他。他们都是他的同胞。其中,有一个女人边哭边喊:"费德里科!费德里科!"[1]

---

[1] "下舷梯的时候,所有人都在鼓掌欢迎我,突然之间,我听见一个声音喊:费德里科,费德里科!哎,哎!是科卡的妻子和她的女孩儿,还有牧人老爹的女儿马蒂尔德,和一群来自丰特瓦克罗斯的人……真的,我直流眼泪。"见 Federico García Lorca, *Epistolario completo. Libro I (1920–1926)* al cuidado de Christopher Maurer. *Libro II (1927–1936)* al cuidado de Andrew A. Anderson,(转下页)

"那个女人是费德里科在格拉纳达的保姆,看着他出生的,来这里有好些年了。"丰塔纳尔斯向我们解释道。

我们的这项职业要求我们在很少的时间里说很多的话……因此,讲话总是要尽可能简短。要做到凝练得花上许多时间,这并不矛盾。以上这些有关诗人加西亚·洛尔迦的章节尽管长,但其实是一段开场白。不过我想,既然我们能一口气读完三页甚至四页纸,那么读者当然也能停下来阅读讲述一位诗人的两页或者四页纸。不想读的人可以不读,我们生活在一个自由的国家,这不是没有道理的。关于加西亚·洛尔迦,我还有些想说的,有关他对戏剧的思考和他创造的"茅屋"剧团。

(接上页) Madrid: Cátedra, 1997, p. 773。这里说的是弗朗西斯科·科卡的妻子玛丽亚·蒙特罗,她的侄女玛丽亚·莫利诺·蒙特罗,还有萨尔瓦多·科沃斯·鲁埃达的女儿马蒂尔德·科沃斯,费德里科在散文《我的村庄》里将萨尔瓦多叫作"牧人老爹",他是费德里科的父亲费德里科·加西亚·罗德里格斯的干亲家,因为费德里科·加西亚·罗德里格斯是萨尔瓦多一个或几个孩子的教父。

乌纳穆诺、马拉尼翁（Marañón）、卡斯特拉尔（Castelar）及其他

有人问加西亚·洛尔迦[1]："那乌纳穆诺怎么说呢？"

"您看吧，乌纳穆诺什么也没说，因为别人问他问题，他总是不会回答……"

很快，似乎是为了找个台阶下，加西亚·洛尔迦语气钦佩地谈起乌纳穆诺的《唐璜》(*Don Juan*)和《另一人》(*El otro*)，谈起这位萨拉曼卡老校长才华横溢而又十足西班牙的伟岸形象。乌纳穆诺极富西班牙精神，总是表现出伊比利亚人永恒的不赞成态度，这正是这个民族个人主义特点的例证……他连珠炮似的继续说下去，用诱人联想的活泼词语描述诗人安东尼奥·马查多的形象。对他来说，安

---

1 引自莫勒汇编的访谈录的第二篇，见 Posada, *Prosa*, pp. 448–453。

东尼奥·马查多不仅是一位伟大的诗人,更是一个纯粹而善良的人,在创造作品的同时也创造着人生。

"我不愿意欣赏作为艺术家的艺术家……这不重要……重要的是人的完成……是个体的人性,仁爱的能力……"

圣人法雅

我们到了一扇门前,加西亚·洛尔迦见我要给他让路,就说:

"您先请吧……拜托了……别让我们站在这儿傻等其中一个人过去……您让我想起了法雅,如果不在他前边进门,他能在门口就这么站着……法雅!……多可敬的人!"

"您很了解法雅……谈谈他吧……"

"法雅是个圣人……神秘主义者……我崇拜法雅胜过崇拜所有人……他在格拉纳达的庄园里持之

以恒地工作，如此渴求完美，叫人惊奇又畏惧……他蔑视金钱，也蔑视荣耀……他唯一的热望就是日日精进，留下作品……换了别人，有了他这样的成就，就会歇一歇，但是法雅大师不会……他责备我，觉得我工作得太少……'那首安达卢西亚的诗，您必须写出来，写成很美、很伟大的一首诗……您工作吧，工作……您死的时候，会后悔自己工作得不够……'因为对法雅来说，"加西亚·洛尔迦继续道，"此生不重要，重要的是来生。他的信仰这样崇高，这样纯粹，以至于会拒绝奇迹，反对奇迹。他的信仰不需要证据……有一天，我读到约翰内斯·约根森的《锡耶纳的圣加大利纳》[1]，高高兴兴地拿去给他看，以为他会喜欢。过了没几天，他对我说：'我不喜欢那本书……圣加大利纳不是一位真正的圣徒……她是一个学者……'还有

1　Johannes Jøergensen, *Santa Catalina de Siena*, Madrid, Voluntad, 1924.

一天，我在家里为小妹们办了个剧场[1]，这个剧场很严肃，第一次演出了斯特拉文斯基的《士兵的故事》(*La historia del soldado*)……法雅也参与了演出，他是位杰出的钢琴家，想弹奏他崇拜的阿尔韦尼斯（Albéniz）的曲子……我们剧场首演的三天前，我进到法雅家里，听见钢琴声……我用指节叩门……他没听见……我敲得更用力……最后我终于进了屋……大师坐在钢琴前，对着阿尔韦尼斯的乐谱：'大师，您在做什么呢？''我在为您那个剧场的演出做准备……'法雅就是这样的人，哪怕只是为了弹给孩子们听，他也会用心钻研、精益求精……法雅总是有刻意求工的自觉、追求完美的精神（我们的诗人热切地称赞道）。有一天，他收到一万比塞塔……他请我和我的朋友们去打听打听，有没有人需要两三千比塞塔……'你们去找找，'

---

[1] 时间为1923年的三王节（见 A. Soria Ortega, «Una fiesta íntima de arte moderno en la Granada de los años veinte», *Lecciones sobre Federico García*, Granada, Comisión del Cincuentenario, 1986, pp. 149–178）。

他对我们说,'那些羞于承认自己不幸的人,是不幸中最大的不幸……'那笔钱就这么分掉了,但大师完全没有留名……他持之以恒地工作……谱写那部将用加泰罗尼亚语演唱的巨作《亚特兰蒂斯》(*La Atlántida*)……它是一部合唱作品……法雅是位圣人……我们会看见他出现在祭坛上……"加西亚·洛尔迦感叹,他明显的安达卢西亚口音令我们微笑。

《血婚》在纽约

加西亚·洛尔迦不但从不谈自己,还会在别人提起他或他的作品时躲开。他躲得很轻盈,像一个厌倦烦人话题、喜怒皆形于色的年轻人……他一点也不装腔作势……他的个性很纯洁……感受非常敏锐……

"您喜欢什么样的诗歌?"

"**我喜欢别人写的诗**"他笑着回答道,像个学生。

他顺道提起了他的父亲：

"我的父亲是格拉纳达的一位绅士……他很有意思……"

接着，谈话的主题不知不觉滑向了西班牙政治，加西亚·洛尔迦站在一个远离党派主张、关注民族生命源泉——也就是他总是满怀爱意和崇敬提起的西班牙人民——的立场上，提起一则轶事：

"这是国王刚退位不久的事……格拉纳达的农民们点燃了上流文化俱乐部[1]……警报声中，全格拉纳达的人都去了现场……我的父亲、我的弟弟帕科[2]和我在人群中……大火带走了一切，我和弟弟注视着火焰，没有丝毫不安，甚至可以说很快乐，因为火焰吞没了我们讨厌的东西。我

---

1 实际上发生在1932年8月，紧接在圣胡尔霍（Sanjurjo）叛乱（8月10日）之后。
2 指弗朗西斯科·加西亚·洛尔迦（Francisco García Lorca）。——译注

的父亲突然说了一句：'多可惜啊！……'我明白，他看见他多年以来的避风港被毁掉，心里很难过……我和弟弟交换眼神……不知我们中的哪一个说了句：'我很高兴！'……我父亲真是很有意思……"

加的斯，安达卢西亚的神经痛点

我不明白卡斯特拉尔的影子是怎么携着他的巨大八字胡降落在我们的对话里的。我说我几乎没读过他，那些演讲家，我一个都不信任……读了他，大概也只会觉得浮夸。

"并非如此。"加西亚·洛尔迦对我说，"我原本也这么想……不久前我读了他的作品，有些地方写得很不错……他是加的斯人……不可能浮夸……加的斯（Cádiz）是安达卢西亚的神经痛点……那里一切都疼痛……加的斯是一座精致文雅的城，它的文化不是书的文化或机械的文化，而是血的文化……"

接着,他又以那种讨喜的多变转换了话题:

"您知道《血婚》要在纽约首演了吗?"[1]

"嗯?"

"有一位腰缠万贯的女艺术家艾琳·路易森(Irene Lewisohn)[2],决定把《血婚》搬上舞台。她有一家剧院,叫'新剧场'(New Playhouse)。这家剧院能容纳300人……每年演出两部作品,演出周期都很短……戏剧首演的时候,全世界的企业家都会前来观看……它是全世界最有趣的戏剧艺术实验室之一……她在那里将《附鬼》[3]和《圣餐之

---

1 《血婚》1935年2月11日在纽约首演,演出剧团是"邻里剧场"(The Neighborhood Playhouse),1915年由艾琳·路易森成立。何塞·韦斯伯格(José Weissberger)翻译了剧本,将题目改为《苦涩夹竹桃》(*Bitter Oleander*)。爱德华·M. 威尔逊(Edward M. Wilson)并未参与翻译,尽管他的确和"青年文学"团体走得很近。对这次演出,批评界反响不佳,观众反应平平,见 L. Fernández Cifuentes, «García Lorca y el éxito: el caso de *Bodas de sangre*», *Lecciones...*, op. cit., pp. 81–98。

2 原文为"Irene Lewinson",疑为笔误。——译注

3 S. 安斯基(S. Ansky)的《附鬼》(*The Dybuk*)是一部关于哈西迪犹太教传统的作品。

家》(*La casa de la Santa Cena*)¹ 搬上舞台……《血婚》的韵文部分由贡戈拉的译者威尔逊（Wilson）翻译，还有一位译者韦斯伯格（Weisberger）……翻译会很忠于原文，我换掉了那些无法翻译的词句……艾琳·路易森很了解西班牙，演出一定会很成功……她斥巨资置办了服装……"

现在我们谈起"茅屋"剧团

"您再点一根……"

"三根了，不行！²"洛尔迦惊跳起来。

我们都为这吉卜赛迷信笑了起来。他笑得最大声。

"我总是很快活，因为我睡得很多……这样我的神经会更平静……而且，您知道吗？在艺术中，

1　指的可能是哈利·格兰维尔-巴克（Harley Granville-Barker）的《马德拉斯之家》(*The Madras House*)，1921—1922 年戏剧季的开幕剧作。
2　有迷信认为，用一根火柴连点三根香烟会带来霉运。——译注

永远不能平静,也不能满足……必须有在事物、在生活上撞得头破血流的勇气……一头撞去……之后再看看发生些什么……我们会看到路在何方……还有很重要的一点,要尊重自己的本能……一个人哪天不再和本能对抗了,就学会了如何生活……"

"我们谈谈'茅屋'剧团吧。"

"啊!'茅屋'剧团……是很严肃的一个项目……首先必须弄清楚,戏剧为什么正在衰落……戏剧要重获力量,就要回到它一度远离了的人民中去……戏剧也是诗人的事情……没有悲剧性就没有戏剧……今日的戏剧缺乏悲剧性……人民很了解这点……有一天我在格拉纳达的家里,一个卖花边的女人突然过来找我,她叫马克西米利亚娜(la Maximiliana),在当地很受欢迎,我打小就认识她……'小费德里科,你在干什么呢?''没什么,就在这儿读会儿书,哎,'我对她说,'那天你们干什么要朝来演出的剧团演员扔石头?''嗐,要是你在那儿呀,也会帮着我们一起扔的……他们给我们演了个什么叫《闪电》(*El rayo*)¹的东西,我们压根弄不懂……我们是去看戏的……《胡安·何塞》(*Juan José*)²这种,哎呀,是要看戏嘛……''当然了,要看戏啊……你们扔石头扔得对……'马克西米利亚娜的话让我想了很多……人民知道什么是戏剧……戏剧是从人民中诞生的……中产阶级和资产阶级杀死了戏剧,他们荼毒了戏剧之后,压根连剧院也不去了……所以那时候,明白了这点,我们和学生们就决定,要把戏剧还给人民……我和爱德华多·乌加特成立了'茅屋'剧团。爱德华多·乌加特是一位很有才华的剧作家。他写了两部令人钦佩的作品,《纸牌屋》(*La casa de naipes*)和《一夜之间》(*De la noche a la mañana*)³。我们的想法得以实现,全靠公

---

1 佩德罗·穆尼奥斯·塞卡(Pedro Muñoz Seca)和胡安·洛佩斯·努涅斯(Juan López Núñez)的《闪电》是 1917 年首演的一部"喜剧小品"。

2 华金·迪森塔(Joaquín Dicenta)的《胡安·何塞》是一部社会批判情节剧。

3 《纸牌屋》是爱德华多·乌加特与何塞·洛佩斯·鲁维奥合写的作品。《一夜之间》写于 1928 年。

众教育部部长德罗斯里奥斯通过了一条法令。'茅屋'剧团是一个艺术团体，虽然依赖国家拨款，但并不会因此僵化，因为它由学生组成……我们用四辆卡车运送布景、电气设备、可拆卸的舞台和共计三十个剧团成员。三十个人全是学生，其中有七名女性。在校期间，我们在马德里表演、上学，到了假期，我们就到乡下去巡演……我们坚信古典并不是古旧，所以我们会表演洛佩·德·鲁埃达（Lope de Rueda）的幕间短喜剧、塞万提斯的幕间剧、洛佩的圣礼剧《人生如梦》（*La vida es sueño*）和《羊泉村》（*Fuenteovejuna*）……我们证实了古典作品同阿尼切斯（Arniches）的作品一样现代、生动……我们为圣礼剧排练了 80 次……玛丽亚·德·马埃斯图（María de Maeztu）看见我做导演工作，惊叹：'但加西亚·洛尔迦多有才啊！多么有才啊！'因为我们所有人都是满怀热情、全力投入地在表演……全都不留姓名……没人署名……我和乌加特这两位导演也一样……我们到了乡下，在夜里表演……人们自带板凳……一般都在广场前搭起舞台……您敢相信吗，我出演了我改编的安东尼奥·马查多诗歌的舞台演出，群众全都听得激动又入迷……在卡洛斯派的埃斯特利亚（Estella）村，我们卡车上的共和国标志招来了一阵石头雨……我们照常把人们聚到一起，向他们解释我们要演出的作品的主题，作者的生平，等等，然后我们开始演戏，演的是洛佩的《羊泉村》……到最后，他们为我们喝彩……最动人的是那些复活的呼吁，'西班牙万岁'的呼声，我们的演出常常迎来这样的声音……您要相信，西班牙民族是一个很可敬的民族……'茅屋'剧团的演出如火如荼……我们在桑坦德为国际大学表演……来自世界各地的大学生们齐聚一堂，看'茅屋'剧团表演，真是令人称奇……"

为了让加西亚·洛尔迦的母亲高兴

要让加西亚·洛尔迦下决心出镜可不是件容易

事。他是个很单纯的人,讨厌一切出风头的事……在不懈的恳求下,他还是摆了姿势,之后笑着和我说起这件事……但他忽然又变得很严肃,对我说:

"诸位的这些慷慨之举会带来什么好处,您知道吗?会让我母亲在《画报》上看到我的照片,喜笑颜开。"

"这好处还不够吗?"

"很够了,很够了……"

我们两人眼前都出现了诗人的母亲打开我们的报纸,看见她儿子的照片,露出愉快幸福微笑的景象。她的儿子得到了上帝的奖赏,所以拥有如此丰盈的才华,如此美丽单纯的灵魂……

阅读诗人

费德里科·加西亚·洛尔迦最后给我读了他尚未出版的戏剧。有两部,其中一部,《耶尔玛》(*Yerma*),他曾公开朗读过一部分。你们已经知道了，那是一部关于不育的戏剧。这位可敬的西班牙语诗人以《血婚》开启了一条脉络，也就是引入并调整古希腊悲剧和中世纪神秘剧的合唱队，《耶尔玛》的构思正延续了这条脉络，对戏剧进行革新。

在《耶尔玛》中，加西亚·洛尔迦戏剧写作中特有的诗意与现实的混合表现得更为精妙、利落，控制得更加出色。主题更宏大、更深刻，角色也更富生命力。第二幕中洗衣妇的合唱是诗歌上的创举，有些时刻甚至达到了赞歌的高度。诗人的幻想和剧作家的技艺将这部作品提升到了伟大的高度。但我的本意并不是谈论耶尔玛。或许是因为不育，她生活在第三幕剧中残缺不全的现实里，然而，在诗人的想象中有力而美丽地搏动的也正是这一幕。

另一部作品是《就这样过五年》，讲述了时间的奥秘。我并不知道伟大的女演员洛拉·门布里韦斯是否敢于将这部戏剧搬上舞台，但在我眼里，这是加西亚·洛尔迦最好的一部剧，它能够为当今戏剧——已经被磨损纸页上的陈词滥调和软弱无力吞没——打开一道口子，投下新鲜神秘的光线，创造一个充满新可能性的层面。

《就这样过五年》不属于观众，也并非为观众所作。[1] 你们会语带讽刺地问我，如果戏剧不是为了观众而创作，那是为了谁。这次我要回答你们，它的确不是为了观众创作的作品，就像上世纪下半叶易卜生和斯特林堡的戏剧一样。萨尔塞[2]这位好大叔，"良好寓意"的忠实代言人，在挪威的迷雾前愤怒地狂吠。但如今已经没有人觉得《罗斯莫庄》神秘难解。易卜生在被理解之后萎缩，斯特林堡却在被理解之后壮大，因为观众仍不能将牙齿扎进他的《死亡之舞》(*La danza de la muerte*) 这样的作品中——现代戏剧里最美、最残酷的一部。

自然，比起精英群体，大众的感性需要更多

---

[1] 1936年，费德里科在马德里将《就这样过五年》的剧本交给我。他把手上的唯一一份副本给了我，让我在这里演出。我最终未能将它搬上舞台。应编辑洛萨达（Losada）的要求，我将剧本交给了他，让他出版。——本文作者注

[2] 应指法国戏剧评论家 Francisque Sarcey。——译注

时间来打磨。要让观众理解什么,就得先攻击他们。《就这样过五年》这样的作品会激怒他们,迷惑他们,即使他们能领会其中的一些美妙之处,他们也会拒绝接受。但我敢下定论,这才是未来的戏剧。戏剧正奄奄一息,因为它的发展受困于现实的牢固枷锁。戏剧正在死亡,因为它落入了御用文人手中,落入伯恩斯坦这种专业剧作家手中——尽管在好几重方面,我们都很钦佩他,但我们也能看穿他的把戏。戏剧应当回到诗人手里,在没有边界的幻想国度栖居。新画家、新诗人、对表演有着别样认识的艺术家,他们能够挽救戏剧。新的艺术运动已在酝酿。莱因哈特就做得很好,梅耶荷德(Meyerhold)也是。

《就这样过五年》是一部非常新颖的作品。它的内容极富精神性。它围绕时间带给我们的痛苦展开。我们被改变一切的时间所围困。一个男人想和他选择的一个女人结婚,但他为此等待了五年。五年后,她已不再是她,她仍在他抛下她的地方。她的外在和内在都没有改变。此处改变了的是他第一次看见她的那种心情。他认识她时塑造的那种想象。他需要的正是这些,但这些都消失了。于是他努力去寻找。他遇见在生命中寻找同样事物的人们。他的崩溃,他整个的人生,这一切都发生在钟表指针并未移动一毫米的情况下。整个人生在一瞬之中掠过了灵魂。戏剧中还有一个死孩子的灵魂,一只被人用石头砸死的猫的灵魂。他们出现的这一幕充满了美妙的诗意和难以言喻的柔情。通过一个孩子、一只猫,诗人令我们窥见了彼岸。窥见了那可怕的未来。这未来每天都有那么一瞬间在我们心中提出悲伤的疑问。新娘的婚纱也是一个角色。因为在这部戏剧中,物品都会经历它们为自身创造的命运,尽管主人令它们的期望落空。最后有一场戏发生在梦境的世界里,所有人都翻转了他们的生活,好看一看没有磨损的那一面是怎样的。

在《就这样过五年》这部作品中,一切都出乎意料。加西亚·洛尔迦天才的幻想在其中达到了一个奇异的高峰，有些部分极富诗意的美感。你们不要想在这部作品里找到事物和场景之间惯常的因果关系、戏剧寻常的技巧性推进。至于这部戏剧的技巧，或许可以到韦德金德[1]的《大地之灵》(*El espíritu de la tierra*)和《青春的觉醒》

---

1 在吉他演奏家赛恩斯·德·拉马萨（Sáinz de la Maza）在格拉纳达的一次演出中，洛尔迦提起德国戏剧家弗兰克·韦德金德（Frank Wedekind）："伟大的漫游者，他想知道地球是怎样做成的！他的短歌大胆而令人钦佩，把德国的资产阶级都惊呆了。"（*Prosa*, p. 277）。在《玛丽亚·布兰查德挽歌》（*Elegía a María Blanchard*）中，他也提起过韦德金德：韦德金德很清楚，"小伙子们"有个"空本子"，专门记下"他们不认识的"姑娘的名字，"好带她们去满是青苔和闪亮蜗牛的卧房"（*Prosa*, p. 132）。在《戏剧谈》（*Charla sobre teatro*，1935年）中，他又一次提起韦德金德：可以教育群众，也可以把某些作者搬到他们面前，这些作者"很有权威……比如德国的韦德金德，还有意大利的皮兰德娄"（*Prosa*, p. 256）。1949年，瑞士人让·格布泽（Jean Gebser）——他和"二七一代"的一些诗人关系很好，翻译过他们的作品——曾回忆，1936年6月，洛尔迦在完成了《贝尔纳达·阿尔瓦之家》后，和他一起开始翻译《青春的觉醒》。洛尔迦本该在1936/1937年度在西班牙剧院导演这部剧作。（见 *Das Reich der Mütter*, en Jean Gebser, *Lass mir diese, meine Stimme. Erster Teil über Sprache, Dichtung und Dichter, Zweiter Teil Spanische Dichtung. Mit Beiträgen von Rudolf Hämmerli, Elmar Schübl und Gina Maria Schneider*, Zurich, Chronos, 2016, p. 183. 此前引用见 Marie Laffranque, «Federico García Lorca. Textes en prose tirés de l'oubli», *Bulletin Hispanique*, 55 (1953), pp. 296-348。）

(*Despertar de la primavera*)的某些片段中去寻找它的前身。但加西亚·洛尔迦在幻想上,在运用技巧之大胆上要走得更远。凯泽的《煤气》(*Gas*)、托勒(Toller)的《辛克曼》(*Hinkemann*)和《机器破坏者》(*Los destructores de máquinas*),还有埃尔默·赖斯(Elmer Rice)的《计算器》(*La máquina de calcular*)[1],或许能为《血婚》作者的这部作品提供一个作为参考的出发点。《就这样过五年》没能在西班牙上演,或许也无法在这里上演。

巴勃罗·苏埃罗(Pablo Suero),1933年

---

[1] 格奥尔格·凯泽(Georg Kaiser)的《煤气》的译文发表在《西方杂志》上。恩斯特·托勒的两部作品由鲁道夫·阿尔夫特(Rodolfo Halffter)翻译,由天顶出版社(Editorial Cénit)出版。另有一部赖斯的剧作《街景》(*La calle*)上演。类似观点亦见于Andrew A. Anderson, «*El público, Así que pasen cinco años* y *El sueño de la vida*, tres dramas expresionistas de García Lorca», en Dru Dougherty y Mª Francisca Vilches de Frutos, (eds.) *El teatro en España entre la tradición y la vanguardia, 1918–1939*, Madrid, Tabapress, 1992, pp. 215–226。

寻找精魂 [1]
（1933年）

四平方米，可以位于地球的任何一处，比如一间宾馆的八楼。一张能够满足最挑剔的夫妻的大床，加西亚·洛尔迦就嵌在里边。

一位西班牙使馆的随员，也就是高雅的马丁内斯·奥罗斯科（Martínez Orozco），一位打字员，还有三位访客，齐齐看着床上的男人。这三位分别是阿马多·阿隆索（Amado Alonso）[2]、画家阿里斯托·特列斯（Aristo Téllez）和鄙人。加西亚·洛

---

[1] 本篇访谈 1933 年 12 月 12 日发表于布宜诺斯艾利斯的《理性报》(*La Razón*)。之后收入 Federico García Lorca, *Obras Completas*, recopilación, cronología, bibliografía y notas de Arturo del Hoyo, Madrid: Aguilar, 1986 (22 ed.), tomo III, pp. 573–575,（下文作 *OC III* 或《全集III》）以及 *Prosa*, pp. 454–457。我们参照的即是这个版本。

[2] 阿马多·阿隆索（1896—1952），哲学家，出生于纳瓦拉，1927 年起担任布宜诺斯艾利斯大学文哲学院院长。

尔迦正在他睡衣的条纹间烦恼着,而鄙人正记下他说的话。

没错,尊敬的读者。我们有着很强的民主意识。床上的这位男人可以穿着燕尾服接待我们,但他现在这样,仿佛身处家中,却能让我们更好地看清他的灵魂,也给了我们更多的信任。

我承认我肩负采访任务而来,手里拿着铅笔和纸,嘴边悬着十个问题;我承认这一切最后都没有派上用场,因为,谁会想问一位诗人,西班牙当今政局如何,知识分子问题何在?所以,我最后选择保持沉默,如一座石像般一言不发。与其问加西亚·洛尔迦一串熟练的问题,不如听他流利地谈论各种事情。

诗 歌

"有一次,别人问我诗歌是什么,我想起我的一位朋友,便说:'诗歌?哎,诗歌就是人们从未想过可以连接的两个单词的组合，形成一个类似谜团的东西；念这些单词的次数越多，能联想到的东西也就越多；比如说，我想起那位朋友，就会说，诗歌就是受伤的小鹿[1]。'"

加西亚·洛尔迦继续以安达卢西亚式的风度说着话，吞掉一些"s"，好像他拳击手般的身躯很吝惜言辞似的。我们耳不旁听，一心思索着这个谈起斗牛和诗歌就两眼放光的男人。

"先生们：去寻找精魂吧"

"当一个黑发姑娘翩翩起舞，当贝尔蒙特（Belmonte）做出精湛的斗牛动作，当委拉斯凯兹动笔作画，天使和缪斯就在他们上空游荡。但是，他们拥有的是精魂。是的，先生们，拥有精魂，这

---

[1] 圣胡安·德·拉克鲁斯（San Juan de la Cruz）《灵歌》（*Cántico espiritual*）第 12 节："小鸽子，回来吧/因为受伤的小鹿/出现在小丘上/在你的翅膀下乘凉。"（摘自赵振江译文。——译注）

是生活能给予知识分子的最好的礼物。精魂是一个伟大的秘密,要到鲜血最深处的房间去寻。

"天使在前额上飘荡,指引并赠予;缪斯教导,时而启发。但是,它们都来自外部;精魂则相反,啊!精魂,朋友们,在一个人的心里、血里、灵魂里。许多名人写下华美的篇章,但他们并不总是拥有精魂。塞万提斯拥有庞大的精魂,但他是那么宁静,于是在常人眼中,他就像从未拥有过精魂一样。

"那些现代主义诗人的作品中仿佛受了伤的部分都是对精魂的追求。必须寻找精魂;没有它,生活里也能有美好的东西,可是有了它,才可能企及伟大。艺术的秘密就在于此:拥有精魂。当然,这不是我发明出来的,我只是在解释,因为……"

这时,语文学家阿马多·阿隆索插话:"……对,你在解释,朋友;因为很少有人提到这点,但必须了解它,才能进入纯诗,进入诗歌和绘画,进入总体艺术之中。"

学生公寓的回忆

加西亚·洛尔迦突然中断了话头,堂阿马多·阿隆索趁着空当去顺了一片烤面包。

"他?我在学生公寓认识的他。"

新的思想再次喷涌,对话奔向了新方向。精魂离开了他的话题,但仍存在于周围,存在于加西亚·洛尔迦说的话里。在马德里学生公寓度过的十三年,还有一段诗人甜美的回忆。

"我几乎整个夏天都待在那儿。每次我到那儿去,到那谦卑、和缓而又十分宝贵,为灵魂带来欢欣的生活中去,我就重获青春。就像灵魂的沐浴。"

乐观精神

堂阿马多·阿隆索已把烤面包吞下肚,好心地谈起不那么悲伤的事情。对话中开启一轮新游戏，我们攀上一道新巅峰。那十个采访的问题，我已经忘得精光。

现在他们谈起诗人们，露出了忧伤的表情。

"大概是肠胃的毛病吧。"

"不，朋友，不是这样。"加西亚·洛尔迦说，"几年前，人们都管挨饿的人叫艺术家，因为饥饿是一种有利于创作的焦躁状态。但如今情况就大不相同了。"

"我们西班牙有位才俊：堂比森特·阿莱克桑德雷（Vicente Aleixandre），当今最出色的诗人之一，他的写作总是带有精魂。他呢，是个很有钱，但是病得很厉害的人。他的房间里放满了器械，本人很少下床。但是，每次和他交谈，都会舍不得离开，感到心灵受益无穷，胸中充满宁静和幸福。"

诗歌仍在延续。马丁内斯·奥罗斯科博士请堂阿马多·阿隆索再念一次那几段精彩绝伦的诗行，它们写的是一位斗牛士之死。西班牙的情感在空气中震颤。

我一个问题也没能问出；显然，对那些寻找正经学术观点的读者来说，采访是失败的，但是，对只对他的本质、视野和灵魂的肖像感兴趣的人来说，这篇采访还是很有价值的。加西亚·洛尔迦困在他睡衣的囚笼中，为与西班牙母亲相关的诸多事物而欢欣。对他来说，西班牙年轻、清新、生气勃勃，就像一位盈满阳光与生机的年轻姑娘。

阿尔贝托·F. 里瓦斯（Alberto F. Rivas），1933 年

在另一个世界对话[1]
（1931年）

那位名叫费德里科·加西亚·洛尔迦的小调的哈里发安静地去了纽约，将他那困倦的佩尼贝蒂科山（Penibética）拖在身后。他掏出了弯刀。一下子割断了曼哈顿的摩天大厦群。突袭的成果：将纽约装进口袋里带来。就这样，云淡风轻，好像什么也没做一般……

"我带来四本准备完毕的书。有戏剧，有诗歌，也有写纽约印象的书，名字可以叫《城市》（*La ciudad*）[2]：个人的解读与客观的概括，在那个城市

---

[1] 本篇访谈 1931 年 1 月 15 日发表于《文学报》（*La gaceta literaria*），之后编入 M. Laffranque, «Federico García Lorca. Nouveau textes en prose», *Bulletin Hispanique*, LVI (1954), pp. 263–266, *OC III*, pp. 502–505; *Prosa*, pp. 370–380。

[2] 洛尔迦提到《城市》的时候，似乎说的是一部未能完成的散文作品——也许是那篇关于纽约的演讲的雏形。参见 A. A.（转下页）

的世界里没有地点也没有时间。一个可悲的象征：受苦。不过，是反面的象征，没有戏剧色彩。这是我的诗歌世界和纽约诗歌世界的一次接触。在这两个世界中，都有悲伤的非洲民族及其近邻在北美洲迷失。犹太人。叙利亚人。黑人。尤其是黑人！那个美洲的精神核心正是用他们的悲痛塑成。黑人贴近纯洁的人性，也贴近自然。黑人甚至能从口袋里掏出音乐来！如果撇开黑人艺术不谈，美国就只剩下了机械和自动化。"[1]

加尼韦特不正是来自格拉纳达吗？加尼韦特是不是那个灵魂里里外外都浸满阴影的神秘的非洲，那个水井、洞穴和下水道的非洲最亲近的朋友？是的。《皮奥·熙德》(*Pío Cid*) 里从穆拉森山

（接上页）Anderson, "The Evolution of García Lorca's Poetics Projects 1929–36 and the Textual Status of *Poeta en Nueva York*", *Bulletin of Hispanic Studies*, LXI (1983), pp. 221–246。

[1] 关于洛尔迦对黑人看法的浪漫主义根源，以及洛尔迦直接了解到的戏剧革新，见 C. Maurer, «Nueva York. 1930. El teatro. Los negros», *Federico García Lorca escribe a su familia desde Nueva York y La Habana (1929–1930)*, ed. de C. Maurer, números 23 y 24 de *Poesía*, Madrid, 1985, pp. 131–151。

(el Mulhacén)呼唤黑人的正是加尼韦特。加尼韦特，绿月亮的黑小伙，接连涌出难以捉摸的思想的强壮男人。而加西亚·洛尔迦这个格拉纳达人也位于同一个图腾之下。

"我最关心的是形式先进、理论先进的新戏剧。纽约是唯一一个能够把握新戏剧艺术脉搏的地方。我见过的最好的演员也都是黑人。无法超越的哑剧演员。黑人的杂志逐渐取代了白人的杂志。白人的艺术渐渐沦为小众。观众总是想看黑人戏剧，为之深深着迷。

"戏剧界对黑人的歧视只是社会层面的，从来不涉及艺术层面。当一位黑人在剧院里歌唱，就会产生一种'黑色的沉默'，一种凹陷的、巨大的、特殊的沉默。当一个白人演员想要吸引观众的注意，他就把自己涂黑，像阿尔·乔尔森（Al Jolson）[1]那样。北美人的大笑——一种放肆、猛

---

[1] 原文误作"Al-Sonson"。阿尔·乔尔森（1886—1950）1927年主演了《爵士歌手》（*El cantante de jazz*），第一部有声商业电影。

烈,几乎是伊比利亚式的大笑——总是要黑人演员才能激发出来。"

行走在格拉纳达,行走在格拉纳达精神的内部、外部与周围,就像在火山山脉上散步。这里,那里,面前,背后,到处都是熄灭的火山口。有些看似沉眠,却会突然喷出石头、火焰、一股灰尘的旋风。另外一些呢,整个死去了,却还以阴郁的面孔威胁着[1]我们。有时,它们喷发,有时,它们熄灭。不存在井井有条的努力。每座火山都是孤立的、孤独的。所有火山都做着同样的事,却又是各自为政。每块岩石里都有一个鲁滨孙,打头的就是穆斯林伊本·图费勒(Aben Tafail),他是世上第一位鲁滨孙[2]。我们就这样朝加西

---

1 在《全集Ⅲ》和《散文》中都作"威胁了"(amenazaron)。
2 一般认为伊本·图费勒(1110年左右出生于瓜迪斯)的《自学成才的哲学家》(*El filósofo autodidacta*)可能影响了丹尼尔·笛福(Daniel Defoe)的《鲁滨孙漂流记》。如费德里科在1922年7月1日写给梅尔乔·费尔南德斯·阿尔马格罗(Melchor Fernández Almagro)的信中所言,"小角落"(Rinconcillo)的成员们计划"在索里亚诺提供的拉苏维亚庄园(la Zubia)的场地上修建一座隐(转下页)

亚·洛尔迦的诗歌火山走去,它有时看似睡着,却会忽然抛出一整本巨著来。因为加西亚·洛尔迦的秘密就是他代表着最格拉纳达地格拉纳达的格拉纳达精神。

"我相信,格拉纳达人的身份让我更倾向于理解、同情受迫害的人。吉卜赛人、黑人、犹太人……摩里斯科人都在我们的心中。格拉纳达闻起来像一个谜,像不可能如此却偏偏如此的事物。不存在,却有影响,其影响正源于它的不存在,它遗失了形体,却保留着更浓郁的香气,明明被围困,却试图嫁接到环绕它、威胁要溶解它的一切事物上。"

格拉纳达代表着受迫害者,它不抗议,却转而跳跃,在舞蹈中消解一切,暗暗希望着敌对的力量也开始起舞,失去它的威力。读心者战胜了刽子

(接上页)居所,以纪念伊本·图费勒和其他两三位格拉纳达的文化天才。在隐居所内部将会修建一间图书馆,放置格拉纳达的阿拉伯器物,外部则会围着纪念建筑种植柳树、棕榈树和柏树"。见 *Epistolario completo*, op. cit. p. 149。

手，夺去他的力量。摩里斯科人的假面舞会压垮了吉卜赛人。而吉卜赛又是安达卢西亚的一张假面，一道掩盖幽深之物的禁忌，保护它不在接触怀有敌意的外界时石化。最不吉卜赛的就是吉卜赛的。

"《吉卜赛谣曲集》(*Romancero gitano*)只有开头的一小段是吉卜赛的。本质上，它是一系列安达卢西亚组画，描绘了全部的安达卢西亚主义。至少我是这么看的。它是一首安达卢西亚的歌，吉卜赛人在其中充当副歌。我把所有本地的诗歌元素都集合在一起，贴上了最容易辨认的标签。这些谣曲表面上写的是不同的角色，其实本质上只写了一个：格拉纳达……

"但这已经是过去了。如今我眼中的诗歌和主题有了新的精髓。在戏剧性中加入更多的抒情。在主题中注入更多的悲伤。不过，是一种冰冷精确、纯粹客观的悲伤。"

这位格拉纳达的诗人向内观望他自身。他讲解了安达卢西亚的灵魂，它有着紧实的籽种，就像当地的那种水果[1]一样。

"'阿尔扎哈拉古城'（Medina Azzahra）曾在《西方杂志》（*Revista de Occidente*）上撰文，说我和霍塔舞曲（jota）[2]有关联，我的作品有着霍塔舞曲的伊比利亚式节奏。我对'阿尔扎哈拉古城'很有好感，不过，我在《文学报》这篇东西方之间的中间领土上，是这样评论自己的：

"如果我要做什么弗拉门戈式的表达，大概会是孤调（soleá）或者吉卜赛的断续调（siguiriya）吧——或者波洛（polo）、卡尼亚（caña）——换句话说，是安达卢西亚人深沉、凝练、原始的深处，是比起表情更接近叫喊的歌。断续调和孤调仅限于特定的地点和区域，没有向外的辐射，也跟外界没有往来。相反，小凡丹戈（fandanguillo）和霍塔舞曲表现的是半岛的普遍特质，不过被冠上了

1　指石榴。——译注
2　见"阿尔扎哈拉古城"（即马克西莫·何塞·卡恩［Máximo José Kahn］的笔名）的文章，«Cante jondo y cantares sinagogales», *Revista de Occidente,* octubre-diciembre 1930, pp. 53-84。

不同的名字。它们会在这里那里骤然出现,犹如泉涌——在高原上,在比利牛斯山一侧的地中海海岸,有时也在北方出现。

"我认为安达卢西亚音乐最重要的特质就是纯洁,是线条锋利、毫不模糊的立体主义本能。它的线条随性利落,但又像阿拉伯纹样一样,严格地全部由直线构成。

"只有留声机才能撷取我们民间音乐的微妙之处,要是放到五线谱上,它就会从线条之间溜走。"

对加西亚·洛尔迦的采访到此结束。这是另一个世界的对话。在新鲜幻梦的雾中。在包裹着格拉纳达人的对话的格拉纳达之雾中。因为这座热带植物簇拥的雪城为所有事物都蒙上了一道碎成千片幻影的反光,一张迅疾水流与残损太阳的朦胧面纱。格拉纳达,万物的小小维度。空气在明亮、潮湿、无限而微小的层面上解体——彩虹中的钻石——每一时刻都生成不同的印象。每一刻头脑都随着光线变换,在正午,在黎明,伴着白雪,伴着东风(con solano)[1]。这个加西亚·洛尔迦是清晨的加西亚·洛尔迦,蜷缩在困倦的地中海游击队员的面貌中。他也是非洲的加西亚·洛尔迦,像一位先知一般包裹在毛呢里头。

鲁道夫·希尔·贝努穆亚(Rodolfo Gil Benumeya),1931年1月15日

---

[1] 《全集 III》和《散文》中都作"无论有无阳光"(con sol o no)。

脑海里的纽约之诗[1]

（1933年）

旅行箱。和加西亚·桑奇斯（F. García Sanchiz）、保罗·莫朗（Paul Morand）、阿尔贝·隆德雷（Albert Londres）一样，费德里科·加西亚·洛尔迦，这位安达卢西亚伟大的谣曲歌者，也是一位旅行箱的爱好者。只有一点不同。洛尔迦虽然和他们几位一样，都很国际化，乘坐各类快车出行，却很讨厌哈特曼（Hartman）标准旅行箱，要去找与之截然相反的没有标签的国产旅行箱。

洛尔迦比任何人都更热爱西班牙的民间艺术。这阵子他要拍一部有关地区风俗的影片。歌曲、村

---

[1] 本篇访谈1933年3月5日发表于《白与黑》(*Blanco y Negro*)，之后编入 M. Laffranque, «Nouveau textes en prose», op. cit. pp. 269–275, *OC III*, pp. 513–517; *Prosa*, pp. 401–405。

庄、传统、表演、音乐。制片公司希望洛尔迦能用麦克风配音,解释影片所有的镜头和变化。洛尔迦犹豫不决。如果影片拍得好的话,他会去解说的。

洛尔迦很乐于接触西班牙的民间艺术。他超凡的感性将会柔和而准确地拂过我们传统的深处,与西班牙自身的感性交融。在我们开始有关纽约的对话前,洛尔迦对我说:

"美国对世界的影响可以概括为摩天大楼、爵士乐和鸡尾酒。就这些。没别的了。而且说到鸡尾酒,在古巴,在我们的美洲,调出来的东西可比美国佬的好得多。对,就是在古巴,我相信正是在那里,蕴含着北美精神的发展潜力。"

(洛尔迦说得在理。)

纽约:费德里科在半岛的每个角落都留下了他的纽约诗篇。近来,马德里、巴利亚多利德(Valladolid)、圣塞巴斯蒂安(San Sebastián)[1]都在洛

---

1   1932年3月16日,关于《诗人在纽约》的演讲兼朗诵会第一次在马德里举办,之后3月27日在巴利亚多利德举办,4月(转下页)

尔迦的言语——写在纸上的言语——面前颤抖，它将纽约的摩天大楼做成了小提琴纤细的琴弦，演奏得十分动听。

我本想让他在创作下一本书之前，先同我和《白与黑》的读者解释一下他作品的主旨。诗人则向我这样说道：

"我不想从纽约外部描述它，就像我不会从外部描述莫斯科一样。描述它们的书籍形成一整条洪流，倾泻在这两座城市之上。因此，我的观察必须是抒情的。超人类的建筑和猛烈的节奏，几何和苦恼。但是，尽管有节奏，却没有欢乐。人和机器都被瞬间所奴役。麦芒伸向天空，没有对云的渴望，也没有对荣耀的追求。摩天大楼和覆盖它们的天空

（接上页）7日又在圣塞巴斯蒂安举办（M. Laffranque, «Bases cronológicas para el estudio de Federico García Lorca», I. M. Gil (ed.), *Federico García Lorca*, Madrid, Taurus, 1980, 3ª edición, pp. 421–469）。安德森认为1932年的演讲内容应该和访谈中的改写有所不同，但访谈改写版的结构和洛尔迦家庭档案里保存的手稿一致。手稿内容被E. 马丁（E. Martín）作为附录编入了他的点评版《诗人在纽约》和《大地和月亮》（Barcelona, Ariel, 1981, pp. 305–317），另见 C. Maurer. *Poesía*, cit., pp. 109–128。

之间的斗争,没有什么比这更有诗意、更可怕。"

"真美啊……"

"雪、雨和雾"诗人继续道,"突出、打湿、遮盖了这些巨塔;巨塔看不见这些变幻,它们只表达敌视神秘的冰冷意图,剪断云的头发,亮出三千把利剑,刺穿柔软的雾的天鹅。"

(洛尔迦已将我托上了他的诗。他的南方口音很重,又很甜美,令人如醉如痴。洛尔迦相信着阿拉伯,他比起安达卢西亚人更像个阿拉伯人,比起儿子更像父亲。)

"窗户的军队,窗后谁都没有时间欣赏一片云彩,没有时间同一缕大海固执地送来却永远得不到回音的柔风交谈……"

"继续,费德里科,继续念你的散文诗……"

"我正要念呢。"

远离百老汇:费德里科现在正深呼吸。他抬头望天。望向不知何处。

"……但是,必须离开城市!必须战胜城市,一个人不能还没有接触过大道上的人，来自世界各地的纸牌般的人群，就向抒情屈服。于是我便扑向了街道。"

（洛尔迦思考着；他仍然望着被一条条云划上删除线的天空。他回忆着……）

"一天晚上，在一片垂死的亚美尼亚街区，我在墙后听到这些期盼着一桩谋杀的声音：怎么样？／一个口子在脸上。／就这样！／一个指甲抠进了躯干。／一根簪子捅进去／直到喊叫的根源。／大海停止了动弹。／怎么样，怎么样？／就这样。／让我来！就这样？／对！[1]"

"另一天，"费德里科说，"我碰见了那些黑人。全球各地的种族都在纽约相遇；但中国人、亚美尼亚人、俄罗斯人、德国人仍然是外来者。只有黑人不同。毫无疑问，他们深刻地影响了北美洲，无论人们做何感想，他们都是那里最灵性、最精巧

---

[1] 原文出自《谋杀》一诗，译文引自赵振江译《诗人在纽约》（上海译文出版社，2012）。——译注

的存在。因为他们相信，因为他们等待，因为他们歌唱，因为他们有一种优雅的宗教式的慵懒，保护他们免受如今所有危险的热望侵袭。"

"黑人……？"

"是的，门德斯，黑人。不是布朗克斯（Bronx）也不是布鲁克林。不是金发的美国人。黑人眼前的不是美学的法则和蓝色的天堂。我注视的、漫步其中的、梦想着的，是伟大的哈莱姆（Harlem）黑人街区，世上最重要的黑人之城，在那里，最淫秽的事物也披着一层纯真，令它变得激昂而虔诚。疑心。到处都是黑人的疑心，门德斯。那个种族特有的疑心。他们害怕公园大道（Park Avenue）上的富人们。大门都虚掩着。"

（洛尔迦想起哈莱姆区，颤抖起来。他的纤维紧绷，每根纤维都是一行歌。）

"我起初想写的是北美黑人的诗歌，强调黑人在一个敌对的世界里做黑人的痛苦，他们被白人所有的发明和机器奴役，永远害怕着自己某天会忘记点燃气灶、开车、扣好浆过的领子,或是把叉子戳进一颗眼球。因为那些发明不属于他们。"

华尔街。(旅行中的飞来横祸。舵的方向完全变了。洛尔迦系紧了领带结,将绉纱手帕的一角拉出美式西装外套——也没有那么美式——靠上的口袋,盯着鞋子漆面上的裤子条纹。他整个儿弯下腰。)

我们很慢很慢地再次开启对话。

"但是,纽约真正野蛮疯狂的并不是哈莱姆区。那里有人的气息、婴孩的叫喊,有家,有草,有能被抚慰的痛苦、能被甜美地包扎的伤口。"

"你去哪里,费德里科?"

"去华尔街。那里冷漠、残忍、令人印象深刻。黄金从世界各地河流般涌来,死亡也一同到来。世界上没有哪个地方像那里一样,完全没有灵魂;人们成群结队,人数不会超过三个或六个;纯科学的轻蔑,'此刻'的魔鬼般的价值。自杀者、歇斯底里者和昏迷人群的演出。恐怖的演出，毫无崇高之处。

"可怕极了。没人能想象一个西班牙人，特别是一个来自南部的西班牙人，在那里有多么孤独。因为，比如说，如果你摔倒了，你就会被碾过，如果你滑进水里，人们就会把下午茶的废纸扔到你身上。纽约的人，靠在码头栏杆上的人群就是那样的。"

（洛尔迦将右手按在前额上。他大概是在发烧。他为诗歌寻找另外的出路……）

风景。（八月。纽约被捏窄、压紧、挤扁、驱逐。费德里科在田野里。）

"绿色的湖，枞树的风景。口簧琴。枫树蜜。面朝林肯的军礼。四匹盲眼的马。传奇的华盛顿时代的歌曲。茉莉花。"

费德里科随意地背诵着，似乎有什么心事：

"如果车轮忘记了自己的程式

便会和马群一起赤裸裸地歌唱,

如果冰冷的计划被火焰点燃

天空定会逃离窗前的混乱。"[1]

"麦芒和节奏,形式和苦恼,都被天空逐渐吞没。"他继续道,"已经没有塔和云的斗争,也没有成群的窗户吞食过半的黑夜。飞鱼编织湿润的花环,天空犹如毕加索笔下可怖而高大的蓝色女人,张开双臂顺着大海奔跑。天空胜过了摩天大楼,但现在遥远的纽约变得有些虚幻了。它变得像群山或沙漠中的一幕自然景象一样打动人心……"

归来。(一个微笑。它徐徐变大,很真诚,就像在费德里科眼中慢慢变大的自由女神像前的纽约。)

"但是,那是什么呢?又是西班牙吗?又是世界的安达卢西亚吗?那是比加的斯亮一度的黄,是

---

[1] 译文引自赵振江译《诗人在纽约》,译文有些微改动。——译注

塞维利亚的玫瑰色略略偏向洋红，是格拉纳达的绿覆上一层淡淡的鱼的磷光：哈瓦那从甘蔗园之间浮现。棕榈和肉桂的香味飘来，有根系的美洲、上帝的美洲、西班牙的美洲的香味……"

"竖琴，用有活力的树干制作。

鳄鱼。烟草的花朵。

去圣地亚哥。

我总说要去圣地亚哥

乘一辆黑水的轿车。

桅杆上的海风与酒，

去圣地亚哥。"[1]

寄送。费德里科。你把你的诗交给了我。那一夜你面朝月亮，向我朗诵了你的诗，万籁俱寂，只有你的声音。你的诗很长很长。大概有五六个晚

---

[1] 一般作"车轮上的海风与酒"。
引自赵振江译《诗人在纽约》（上海译文出版社，2012年）。有些微改动。——译注

上，我都在听你朗诵。读者们也是如此。但这两百五十页并不都属于我。我不得不拆碎你的声音，只留下你的语调。

抱歉，费德里科。它太长了。你的声音能穿透纽约，应该也知道如何在所有的想象中扎根。抱歉，费德里科，伟大的西班牙诗人。

L. 门德斯·多明格斯

（L. Méndez Domínguez），1933 年

诗歌的亲切秘密 [1]
（1933年）

有那么一刻，费德里科·加西亚·洛尔迦——目前行过伊比利亚大地的这一时刻中无与伦比的诗人——注视着他的双手，仿佛问题躲藏到了那儿，躲到了苍白而不安分的手指之间。接着，他微笑了。他的微笑在他吉卜赛抒情诗青铜般的主题中点燃了一束明亮的光。

是的，我的朋友塞尔纳。那正是我所想的。在，比如说，生物事实和司法事实之外，我们还能发现——当然，是在更高的层面，最高的层面——

---

[1] 本篇访谈1933年7月11日发表于《马德里先驱报》(*Heraldo de Madrid*)，之后编入 Jacques Comincioli, «Federico García Lorca. Un texto olvidado y cuatro documentos», *Cuadernos Hispanoamericanos*, Madrid, octubre 1960, *OC III*, pp. 525–528; *Prosa*, pp. 417–420。

诗意事实。我不认为有必要过多强调这点，但确实还是需要清晰地强调一次。诗人突然撞上某样东西，它张开双臂跳到他面前——不管他乐不乐意——叫他停在路上的白色奇迹中。必须诠释这样东西，解读它亲切的秘密。于是，诗歌就诞生了！诗歌正是"一件诗人们造就的东西"。

……？

当然。不过，要彻底解惑，我可能需要很多很多的时间，不是吗？如果随机——"可靠的随机性"[1]，亲爱的塞尔纳——说出几个对我来说确实很伟大的诗人的名字，对我来说要稍微简单些。比如纪廉（Guillén），萨利纳斯（Salinas），阿尔贝蒂（Alberti）……还有赫拉尔多·迭戈（Gerardo Diego）——那个狂热、脱轨的他，而不是他身体里的"另一个人"——还有比森特·阿莱克桑德

---

[1] 此处引用了佩德罗·萨利纳斯的诗歌题目《可靠的随机性》（*Seguro azar*）。——译注

雷，以及塞尔努达（Cernuda）。

……？

——胡安·拉蒙（Juan Ramón）有时很崇高。有时，他诗歌的光芒会和圣胡安·德·拉克鲁斯（San Juan de la Cruz）奇异的、超自然的光混淆。

……？

瓦莱里的诗？很学院，很几何，没有瑕疵。"死者埋藏在坟茔里安然休息……"[1]您记得的，是不是？保罗·瓦莱里拥有想象力，超凡的想象力。但是没有灵感。很难把这两种货真价实的奇迹结合在一起——内在的奇迹，外在的奇迹——合二为一……堂路易斯·德·贡戈拉是不朽的成功范例。

---

1 原文为"Les morts cachés sont bien sous cette terre/Qui les rechauffe et séche leur mystère"，出自《海滨墓园》第八节，"死者埋藏在坟茔里安然休息，受土地重温，烤干了身上的神秘"。
原文为法语，洛尔迦采用的为豪尔赫·纪廉 1929 年的西班牙语译文，脚注中的中文译文参照卞之琳翻译的《海滨墓园》。——译注

……?

对，对。现在我们要努力恢复《萨拉曼卡的学生》(*El estudiante de Salamanca*)的价值。多愚昧啊，这么伟大，却无人提及！何塞·德·埃斯普龙塞达（José de Espronceda）又是怎样一位伟大的诗人啊，先生！

……?

堂佩德罗·索托·德·罗哈斯（Pedro Soto de Rojas）是一位格拉纳达诗人。17世纪的诗人。他是贡戈拉的门徒，不公正地被埋没在无人知晓的阴影里。我很荣幸地"发现"了他，我很快就会发表一版由我注释的他的《向许多人关闭的天堂，向极少人敞开的花园》(*Paraíso cerrado para muchos, jardín abierto para pocos*)[1]。这首诗非常出色，是一首写格拉纳达花园的诗。

---

[1] 此处原文为单数，但出版时"花园"一词为复数。这个项目跟纪念贡戈拉和创办《雄鸡》的时期有关，但最终未能实现。

……?

当然,所有都会慢慢出版的。您也知道我的原则:'晚是会晚,但总能赶上。'之后会出版《诗人在纽约》、《大地和月亮》(*Tierra y luna*)、《颂歌》,还有一部很有冲击力但又很古典的作品,《因为我只爱你一个(一场华尔兹)》(*Porque te quiero a ti solamente [tanda de valses]*)[1]……我的戏剧也会出版,有八九部吧。也会出版新的精装版[2]《玛丽亚娜·皮内达》。还有《了不起的鞋匠婆》。还有《堂佩尔林布林和贝莉莎在花园中的爱情》(*Amor de don Perlimplín con Belisa en su jardín*)。还有《观

---

1 这些出版计划最终的归类,参见第三篇访谈第 2 条脚注提到的 A. A. Anderson 的文章。
2 《玛丽亚娜·皮内达》(*Mariana Pineda*)是放在"话剧"(La Farsa)丛书里出版的,印刷质量很差。访谈中提到的版本最终未能出版。《了不起的鞋匠婆》(*La zapatera prodigiosa*)和《堂佩尔林布林和贝莉莎在花园中的爱情》和《就这样过五年》一样,都是由吉列尔莫·德·托雷(Guillermo de Torre)负责,在《全集》(布宜诺斯艾利斯,1938)中首次出版。《观众》的选段曾经发表过,见 *Los Cuatros Vientos*, Madrid, nº 3, junio-julio 1933, pp. 61-78。《血婚》1935 年由十字与横线(Cruz y Raya)出版社印刷。

众》，这部戏从来没有上演过，也永远不会上演，因为……它"无法"上演。还有《就这样过五年》（*Así que pasen cinco años*），一部时间的传奇，主题是流逝的时间……还有《血婚》……日期吗？我十月会出版《血婚》。

……？

对，《血婚》是西班牙乡村戏剧三部曲的第一部。我这阵子正好在写第二部，还没有起名字，但我会给希尔古演。主题？不育的女人。第三部正在我心里酝酿。它会叫《索多玛的毁灭》[1]。

……？

---

[1] *La destrucción de Sodoma*，这部没有完成的作品留有极短的手稿残篇，见 Federico García Lorca, *Teatro inconcluso*, Fragmentos y proyectos inacabados, estudio y notas de Marie Laffranque. Transcripciones de Leslie Stainton y Manuel Fernández Montesinos, Granada, Universidad, p. 117。洛尔迦写了一幕戏，但后来手稿散佚。他曾把这幕戏读给"茅屋"剧团的路易斯·萨恩斯·德·拉卡尔萨达（Luis Sáenz de la Calzada）听。

《就这样过五年》将会由文化戏剧俱乐部首演，这个俱乐部是我建立的，但灵魂人物是一位伟大的艺术家——普拉·乌塞莱。她和我在"茅屋"剧团的同事爱德华多·乌加特合作，正在翻译一首印第安诗歌，之后俱乐部会将这首诗和夏尔·维尔德拉克（Carles Vildrac）的《商船特纳西提》[1]和辛格（Synge）的《西方世界的花花公子》一起发表……

……？

我和您讲过很多次了。法雅[2]永远是我崇敬的人，我也不知道心中哪种情感更强烈：是我的仰

1　"Tenacity"在《散文》中作"The Nacitic"。夏尔·维尔德拉克的《商船特纳西提》（Le paquebot Tenacity）由雅克·科波（Jacques Copeau）搬上老鸽棚剧院（Théâtre du Vieux-Colombier）的舞台。《西方世界的花花公子》（The playboy of the western world）于1907年在都柏林的艾比剧院首演。

2　1933年6月15日，法雅的《蛊惑的爱》（El amor brujo）在马德里演出，舞蹈主演是"阿根廷姑娘"和拉法埃尔·奥尔特加（Rafael Ortega）与"拉马莱娜"（La Malena）、"拉马卡龙娜"（La Macarrona）、"拉费尔南达"（La Fernanda）三位年老舞者合作出演，诗人在其中亦有贡献。（见 Carlos Morla Lynch, En España con Federico García Lorca [Páginas de un diario íntimo, 1928–1936], Prólogo de Sergio Macías Brevis, Sevilla, Renacimiento, p. 354。）

慕，还是我的柔情。您听我说。不久前，我接待了一位波多黎各小姐，她想要做一场光彩夺目的访谈。她已经用她轻盈纤小的字迹写了好几张四开纸，这时我突然想起来，提起了曼努埃尔·德·法雅（Manuel de Falla）。她露出奇怪的表情。虽然我不相信——我怎么会想到呢，我的朋友？——她是第一次听见那个名字，但我还是震惊地看着她。就看了一秒。因为，她马上就问："法雅？"我没有回答，拿起那沓四开纸，慢慢撕得粉碎。我不能，也不想再跟她说一句话，一句话都不行。我默默无语地走到钢琴边，琴盖大敞，好像在笑一样。之后，她站在门口，双眼含泪，乞求我的原谅。她总算知道谁是法雅了！我不知道我有没有原谅她。

费德里科·加西亚·洛尔迦，这位"茅屋"剧团的高级领航员，突然沉默了。快乐的"偶然"将我们领到这个拉曼恰（La Mancha）小镇，马约尔大街又将我们的脚步带到了小镇的广场上，在沉默的静而深的水域里，我们两人感觉好像海难的幸存者。阿尔卡拉斯（Alcaraz）著名的高塔[1]在天空中显出轮廓，而钟表那只流血的、嘲弄的眼睛，从一座塔楼的高处——那座塔楼无比优雅地矗立着，仿佛一个年轻女人的身体——嘲笑着月亮，后者以一种戏剧式的完美为剧团的车辆尽数笼上白色。阴影之间，数个世纪前的金色石头正做着梦。堪称模范的观众曾以热烈的掌声迎接米盖尔·德·塞万提斯的三部幕间剧，如今那掌声仍在摇撼着这些石头。一个钉在拉曼恰强壮胸膛中的地方，费德里科将会永远铭记它……

何塞·S. 塞尔纳[2]，1933 年

---

1 在阿尔卡拉斯的演出是在瓦伦西亚和拉曼恰巡演的一部分，演出剧目包括塞万提斯的《说话者》（*Los habladores*）、《萨拉曼卡洞穴》（*La cueva de Salamanca*）、《谨慎的守卫》（*La guarda cuidadosa*）。

2 何塞·S. 塞尔纳（José S. Serna, 1908—1983），出生于阿尔瓦塞特（Albacete）。1933 年 7 月，洛尔迦写信给他，感谢他写了这篇文章。（见 *Epistolario completo*, op. cit., pp. 760–761。）

诗人生活[1]

（1934年）

"大多数人"加西亚·洛尔迦说，"都有一种专门用作名片的生活。这种生活为大众所知，他们把它拿给别人看，说：'我就是这样的。'人们也就接受了，说：'您这么说的话……'但这些人也有另一种生活，一种灰暗、隐蔽、苦痛、魔鬼般的生活，他们努力藏匿它，像藏匿一桩丑恶的罪行。好多人之所以发大财，靠的就是向一些富人耳语这些奇迹字眼：'给我多少多少，否则我就全部抖出去……'这个'全部'就是灰暗生活的中心所在……"

诗人说话时两眼紧盯着我们。他的目光随着

---

[1] 本篇访谈1934年5月10日发表于布宜诺斯艾利斯的《评论》。

话语的节奏染上不同的色调：明亮、黯淡、暴烈、雄辩……

孩子的生活

如果有谁问起加西亚·洛尔迦的生活，诗人会面露惊异。

"我的生活？我有生活吗？我经历的这些岁月在我看来还很稚嫩。童年的情感仍在我心中，我并没有离开它们。要谈论生活，我就只能谈论现在，但生活应该是对过去的讲述。在我的心里，回忆，就算是最遥远的童年的回忆，全都犹在眼前，令我激动万分。"

"……"

"我来给您讲讲我的童年。这还是我第一次谈起这个话题，它一直是独属于我的隐秘的私人记忆，连我自己也不想去分析。小时候，我完全生活在大自然中。像别的孩子一样，我也为每样东西——家具、物件、树木、石头——赋予各自的性格。我跟它们说话，心里很爱它们。在我家的院子里，有几棵山杨树。有天下午，我突然发现，山杨树是会唱歌的。风刮过树枝，生出音调各异的声响，在我听来就像音乐一样。我常常用我的声音应和山杨树的歌唱，一下就是好几个小时……后来有一天，我吃惊地顿住了。有人在叫我的名字，音节和音节分开，好像在拼读'费——德——里——科——'我四处张望，一个人影也没看到。可是，我的名字仍在耳朵里鸣叫，像蝉一样。听了好久好久，我才找到源头。是一棵老山杨树，它的枝条彼此摩擦的时候，会发出一种单调而哀怨的音响，在我耳中，就像是在叫我的名字。"

岁月飞逝

岁月流逝，加西亚·洛尔迦在母亲睿智的教导下开始学习音乐。之后，他又进学校上学。再之后，他独立了，进了大学。一路上，他遇到的人有好有坏，而他静静地走过他们身边。他身边的朋友不多，但个个真诚。从那时开始，他的生活就分成了两半：一半为他的朋友们而活，一半留给他自己。

两半生活有各自的好处。为朋友的那一半我们都了解：快乐、喧闹、优雅、活跃。并非所有人都知晓另一半，他自己都害怕的截然相反的另一半。在这另一半上，飘荡着一种悲剧的精神。引人痴迷的想法，比如死亡的想法，它们的静默要笼住这一半的生活。而诗人在恐惧之下颤抖，像一个入了迷的人。

刚被发掘不久的诗人

在洛尔迦的人生里，有许多年，他都是一个未定型的灵魂。然而后来——他生活里的变化总是这样突然发生——他却发现自己是一个诗人。他的一个朋友在瑞士治疗咯血,同他常有书信往来。洛尔迦从没出过西班牙,在信里依照想象描绘瑞士的风景。他的信有诗歌的味道、颜色和音调。于是,那位朋友给他写信,用大字朝他呐喊:"费德里科,你是个诗人!你得写诗!把你写的头几首诗寄给我!"

朋友的发现叫加西亚·洛尔迦很吃惊。他不知道自己是个诗人。他确实对事物和风景有很强烈的感受,但他以为这是很自然的,所有人都这样。现在要写诗,就更难办了。一行诗意味着以诗人身份示人,表明自己的感受与旁人不同。为了让朋友高兴,他写了最初的几行诗。诗写于一次卡斯蒂利亚之旅后。在旅途中,他注意到栖息在钟楼高处的白鹳。依他看来,这些鸟儿像是寂寞的诗人,自己唱不出歌,于是就在乐声的源头,也就是钟旁边栖息。加西亚·洛尔迦最初写下的诗句是这样的:

婉转的白鹳[1]

深爱着塔钟

噢,多么遗憾啊

你们竟唱不出歌!

托钵僧般的鸟儿呀

睡意蒙眬……

雪绒花

朋友寄来的信里夹着一朵"雪绒花",阿尔卑斯山的美丽花朵。朋友对他说:"留下这朵花吧,它会给你带来许多好运。"

洛尔迦在西班牙的朋友们读到了他最初写下

---

[1] 记者此处改编了一首亚历山大体诗歌:"无瑕的鸟儿蕴藏着谜……"(Inmaculados pájaros que encierran un enigma...)弗朗西斯科·加西亚·洛尔迦记录了整首诗,并注明了写作日期(1917年11月)和编号(4)。参见 *Primeros escritos*, ed. García Posada, Barcelona, Círculo de Lectores, 1997, pp. 227-228。洛尔迦提到的朋友是埃米利奥·普拉多斯(Emilio Prados),两人友谊的发端可以追溯到1920年。1920年至1921年间,普拉多斯在达沃斯疗养院疗养。诗人的叙述有虚构的成分。

的这几行诗，欢欣鼓舞地庆祝一位大诗人的诞生。洛尔迦难以置信，但还是继续写诗。开始写诗之后，他的气质发生了可感的变化，似是向过去的情感回归。孩提时代的记忆重新浮现。从前令他惊异、快乐或悲伤的事物又回到了他身边，仍保有他童年时的情感力量。

对土地的热爱

"我深爱土地，"洛尔迦说，"我感觉我所有的感情都和土地相连。我最遥远的童年回忆有着土地的味道。土地和田野在我的生命中极为重要。土地上的小虫和走兽，务农的人，它们带来的启示只有很少的人才能领会。现在的我理解它们，用的也是和童年时一般无二的心。如果不是这样的话，我是写不出《血婚》的。这种对土地的热爱，让我明白了最初的艺术表达。这个小故事很值得讲一讲。"

布拉万特犁和最初对艺术的惊异

"那是1906年的事情。我的土地，农民的土地，一直以来都是用老旧的木犁耕作的，那种老式犁几乎翻不起泥土。但到了1906年，有些农民弄到了布拉万特（Bravant）的新式犁——这个名字永远铭刻在我脑海里——这种犁因为很高效，还在1900年的巴黎世博会上拿了奖。我当时是个好奇的小孩，追着我家那张强悍的犁满地跑。我很喜欢看巨大的钢铧在地上破出一道口子，一道不会涌出鲜血而会长出根须的口子。有一次，那把犁停住了。它撞到了什么很结实的东西。下一秒，明亮的钢片就从地里挖出一块罗马马赛克瓷砖。上面的铭文我已记不得了，尽管不知为何，我的记忆中冒出了牧人达芙妮（Daphnis）和克罗埃（Chloé）的名字。"

土地情结

"我最初对艺术的惊异和土地有关。达芙妮和克罗埃的名字也有着土地和爱情的味道。我最初的情感与土地和农活密不可分。正因如此,我的生命中有一种土地情结——精神分析学家应该会这么说吧。

"没有对土地的这种热爱,我不可能写出《血婚》,也不可能着手写我的下一部作品,《耶尔玛》。我在土地中找到了贫穷的深刻启示。我爱贫穷,胜过爱任何东西。不是那种肮脏、饥饿的贫穷,而是有福的、简朴的、谦卑的贫穷,黑面包一般的贫穷。

"我受不了那些老人。不是说我恨他们,我也不怕他们。只是他们令我不安。我没法跟他们交谈,我不知该对他们说些什么。特别是那些觉得自己年老之后自然而然就通晓一切生命奥秘的老人。

老人们总是提起的所谓'经验',我压根不理解。在老年人的集会里,我连一个词也说不出。那些灰暗的、泪汪汪的小眼睛,那些总是做出一副苦相的嘴唇,那些父亲般的微笑,那种讨人厌的亲切,会像一根绳子一样把我们拖向深渊……因为老人就是这么一种东西。年轻的生命和死亡的深渊之间的绳索与联结。"

他提到了死亡。加西亚·洛尔迦是个快乐的小伙子,连自己的事也不挂心。但他刚一提到死亡,脸色就变了。

"死亡……啊!……每样东西里都有着死亡的暗示。不安、沉默、平静,都是死亡的学徒期。死亡无处不在,它是主宰……在我们静默的片刻中,死亡就拉开帷幕。当我们在会议里庄严发言的时候,看一看出席者的靴子。你们会看到那些靴子很静,静得吓人。它们没有表情,缄默不语,阴气森森。在那个时候,它们什么用都没有,已经开始死去。靴子,双脚,它们安静的时候,会展现一种迷人的死亡面貌。如果一个人看到几双安静的脚,看到这种只有脚才会有的悲哀的静止,就会想:十年,二十年,四十年之后,这静止就会成为绝对。也许只消几分钟。也许一个小时。死亡就在双脚之中。

"我没法穿着鞋躺在床上,就像痛风的人躺下休息时那样。我一看我的脚,就会被死亡的感觉淹没。一双脚这样靠脚跟支撑着,脚底朝前,会让我想起小时候见过的那些死人的脚。全都是这个姿势。他们的脚很安静,并在一起,套着从没穿过的鞋子……这就是死亡。"

费德里科·加西亚·洛尔迦热爱成功。他追求成功,力促成功,斩获成功;但他爱的并不是成功本身。他奋斗,为的总是让他的朋友们从他的成功里得到满足。

"如果我的朋友们突然背转身去,如果我被憎恨或嫉妒包围,我就不可能成功。我甚至不会去奋斗。成功对我来说不是很重要,甚至可以说完全不重要,我重视它只是为了我的朋友们,为了留在马德里的那帮小伙子,还有我在布宜诺斯艾利斯的友人们。我知道,如果有人冲我的一部作品喝倒彩,他们会很不高兴。我不会为我的作品伤心,却会为他们的不快难过。是我的朋友们让我有了成功的义务。我成功,是要让我的朋友们不放弃对我的喜爱,不失去对我的信心。至于其他人,那些不爱我,或者我并不认识的人,我在艺术上并不在意他们。"

"最让我激动的事?就是昨天的事,在这儿,在布宜诺斯艾利斯。有一位女士来剧院找我。我接待了她。她是个普通女人,住在郊区,从评论文章里得知我到了布宜诺斯艾利斯。其实我想不出她为什么要来找我。所以我就听她继续说。那个女人小心翼翼地展开包在某样东西外面的几张纸。她望着我的眼睛微笑,像在对着回忆微笑一般,念着我的名字:'费德里科……谁能想得到呢……费德里科……'她打开她的小包裹,取出一张泛黄的照片。那是一个婴儿的肖像。那张肖像就是最让我激动的东西。

"'你认出他了吗,费德里科?'她问我。

"'没有。'我回答。

"'他就是你呀。一岁时的你。我看着你出生的。我以前是你父母的邻居。你出生的那天,我本来要和我的丈夫去参加庆典,最后却没去成,因为你妈妈很难受,我上你们家帮忙。你就在那天出生了。这张肖像是你一岁时的。你看见纸上的撕痕了吗?这照片刚拍好不久,你的小手就把它撕破了。这纸上的撕痕对我来说是一段很美的回忆……'

"那个女人是这样说的。我不知所措。我想哭,想拥抱她,想吻那肖像,最终却只凝望着那纸上的撕痕……是我撕的,那时我才一岁大。而我的第一部作品,我还不知道好坏的第一部作品,已经在我之中了……在这之后,我还有什么能说的呢?"

我们和加西亚·洛尔迦一起走出了大道剧院。我们的车从剧院前开过的时候,诗人把广告指给我们看，广告上写着他的名字，旁边还有一个"热带"的形容词。

"您看见了吗？您不知道，我看见我的名字写得这么大，暴露在公众面前，心里头有多羞愧。感觉好像在人们的好奇心面前一丝不挂似的。我受不了我的名字被展示出来。但我必须得忍着，因为剧院这样要求。我第一次见到我的名字这样摆出来是在马德里。朋友们很高兴地给我打电话，说我正走上成名的康庄大道。可是我不喜欢。到处都是我的名字，面对着一些人的好奇，另一些人的冷漠。那是我的名字呀！……我的名字，独属于我的名字，被这样摆出来，让所有人去使用！……有些人会因此欣喜万分，我却苦不堪言。就好像我不再是我了一样。好像在我里面有第二个人，我的敌人，他舒展开来，从这些巨幅广告上嘲笑我的羞怯。可我绕不开这种事啊，我的朋友！"

何塞·R. 卢纳（José R. Luna），1934 年

来时路

一个西班牙年轻人的踪迹 [1]

(1928 年)

我和洛尔迦通电话。

你哪年出生?

1899 年,6 月 5 日 [2]。

在哪里出生?

格拉纳达的丰特瓦克罗斯村(Fuentevaqueros)。

你的父母叫什么名字?

费德里科·加西亚·罗德里格斯(Federico García Rodríguez)和比森特·洛尔迦(Vicente Lorca)。

是哪里人?

---

1 本篇访谈 1928 年 12 月 1 日发表于《文学报》。
2 真实日期应为 1898 年 6 月 5 日。

安达卢西亚人,格拉纳达人。

你从父亲那里继承的最重要的东西是?

激情。

从母亲那里呢?

聪慧。

再多谈谈你的身世吧。

我不是吉卜赛人[1]。

那你是?

安达卢西亚人。这不是一回事,虽然我们这些安达卢西亚人全都或多或少有些吉卜赛特征。吉卜赛对我来说,就是一个文学主题,一本书。仅此而已。

---

1 洛尔迦在 1927 年 1 月致豪尔赫·纪廉的信中写道:"……我的吉卜赛*神话*弄得我有点烦躁了。他们把我的生活和我的风格混为一谈……"写给何塞·贝尔加明(José Bergamín)的信(1927 年 2 月)里说:"看看今年我们能不能见一面,让你不再把我当成一个吉卜赛人,你不知道这个错误印象给我添了多少麻烦,本质上又是多么地不真实,尽管表面上看来并非如此。"(见 Federico García Lorca, *Epistolario II*, ed. C. Maurer, Madrid, Alianza, 1983, pp. 21 y 30 respectivamente,以及 *Epistolario completo*, op. cit., pp. 414, 433。)

再多说些吧。

我的父亲是农民,很富有,很有进取心,还是个好骑手。我母亲的家世也很体面。我家在上世纪曾经破过产,现在又东山再起。

多亏了你。

嗯,多亏了我。

谈谈你的童年吧。

我父亲丧妻后娶了我的母亲。我童年迷恋的是一些银餐具,还有"本可能成为我母亲的"另一个女人马蒂尔德·德·帕拉西奥斯[1]的几张肖像。我的童年就是跟我的母亲学习文学和音乐,在村里做一个有钱小孩,一个少爷。

你很快就离开了你的村庄吗?

---

1 马蒂尔德·德·帕拉西奥斯·里奥斯(Matilde de Palacios Ríos)是费德里科·加西亚·罗德里格斯的第一任妻子,1894年去世。详见 Ian Gibson, *Federico García Lorca. 1. De Fuente Vaqueros a Nueva York, 1898–1989*, Barcelona: Grijalbo, 1985, pp. 38–39。

很快就去了阿尔梅里亚（Almería）的一间学校[1]。但我突然得了严重的牙脓肿，我父母担心我快要死了，就又把我带回村里照顾。

你小时候都喜欢玩些什么？

玩那些将来会变成"单纯的傻子"、变成诗人的小孩喜欢玩的游戏。做弥撒，堆祭坛，建小剧院……

你还学了些什么？

我学习很刻苦。我在格拉纳达的耶稣圣心学校上学。我懂得很多，很多。但在学院，我挂科挂得很惨烈。之后到了大学也是。文学、文学规则

---

[1] 1908 年至 1909 年间，费德里科在阿尔梅里亚居住，照顾他的是他从前在丰特瓦克罗斯的老师安东尼奥·罗德里格斯·埃斯皮诺萨（Antonio Rodríguez Espinosa）。见 P. González Guzmán, «Federico en Almería. Nuevos datos para la biografía de García Lorca», *Papeles de Son Armandans*, Madrid-Palma de Mallorca, CIV, noviembre 1964, pp. 203–220, 以及 G. Núñez Ruiz, «Lorca, escolarillo almeriense. Nuevos datos para la fijación de los años escolares de Federico», *Revista de Literatura*, Madrid, XLVI (1984), pp. 135–141。

和卡斯蒂利亚语语言史，这几门我都挂了[1]。不过，我倒是靠给人取外号取诨名而大受欢迎。

你有几个兄弟姐妹？

三个[2]。

朋友呢？

很多。

从中选一些。

---

1 费德里科 1909 年至 1915 年间在卡斯蒂耶霍斯（Castillejos）小广场的耶稣圣心学校学习，在格拉纳达通用理工学院只考试不上课（见 Francisco García Lorca, *Federico y su mundo*, ed. Y prólogo de M. Hernández, Madrid, 1980, pp. 76-89）。"挂科挂得很惨烈"是诗人的夸张说法，见 E. Orozco Díaz, «García Lorca se gradúa de bachiller», *Lecturas del 27*, Granada, Universidad, 1980，以及 Juan de Dios Vico Robles y Jacinto S. Martín (eds.), *Instituto Padre Suárez. Expedientes académicos de alumnos ilustres: D. Federico García Lorca, D. Francisco Ayala, D. Emilio Orozco Díaz, D. Francisco García Lorca, D. Melchor Fernández Almagro, D. Luis Mariscal Paradas*, Granada, 2007。关于大学，见 Andrés Soria Olmedo, «El estudiante Federico García Lorca», *El fingidor. Revista de cultura* (Granada), nº 33-34, julio-diciembre 2007, pp. 1, 16-19。路易斯·加西亚·蒙特罗写过一本书，详尽阐明了"加西亚·洛尔迦读的书并不少，接受的文学教育也远非匮乏"的论点，见 *Un lector llamado Federico García Lorca*, Madrid, Taurus, 2016, p. 18。

2 即弗朗西斯科、康塞普西翁（Concepción）和伊莎贝尔。

一起编纂我们那本《雄鸡》杂志的几个人，新的"格拉纳达之弦"：华金·阿米戈（Joaquín Amigo）、阿沃莱亚（Arboleya）、拉莫斯（Ramos）、阿亚拉（Ayala）、费尔南德斯·卡萨多（Fernández Casado）、梅诺约（Menoyo）……[1]

以前的"格拉纳达之弦"还有哪些人？

我们之前的还有阿尔马格罗、加列戈·布林、纳瓦罗·帕尔多、坎波斯·阿拉瓦卡，还有允许我们阅读他浩瀚藏书的伟大的帕基托·索里亚诺·拉普雷萨[2]。再之前，就是加尼韦特那帮

---

[1] 《雄鸡》杂志分别在1928年2月和4月出了两期（见巴塞罗那莱特拉杜拉 [Leteradura] 出版社1997年出版的摹本）。参见 Luis Muñoz (ed.), *Gallo. Interior de una revista*, Madrid: SECC/Patronato de la Alhambra, 2008。有关《雄鸡》杂志团体的氛围，参见 M. de la Higuera Rojas, «Tiempo de juventud», en *Enrique Gómez Arboleya 1910–1959*, ed. a cargo de Julio Iglesias de Ussel, Granada, Ayuntamiento/Universidad, 1988, pp. 97–110, 以及 Nicolás Antonio Fernández, *Federico García Lorca y el grupo de la revista gallo*, Granada, Diputación, 2012。

[2] 指梅尔乔·费尔南德斯·阿尔马格罗、安东尼奥·加列戈·布林（Antonio Gallego Burín）、何塞·纳瓦罗·帕尔多（José Navarro Pardo）、弗朗西斯科·坎波斯·阿拉瓦卡（Francisco Campos Aravaca）、弗朗西斯科·索里亚诺·拉普雷萨（Francisco（转下页）

人，包括堂尼古拉斯·玛丽亚·洛佩斯（Nicolás María López）、马蒂亚斯·门德斯·贝利多（Matías Méndez Vellido）、巴雷切古伦（Barrecheguren）。[1] 还要往前，就是佩德罗·索托·德·罗哈斯和他的朋友们……比那还往前的是……

博阿布迪尔（Boabdil）？

对，博阿布迪尔。

你在马德里学生公寓的那些朋友呢？你怎么到学生公寓来的？

（接上页）Soriano Lapresa）。有关这一群人的活动，见 *Francisco García Lorca*, op. cit., pp. 142–145, 以及 J. Mora Guarnido, *Federico García Lorca y su mundo*, Buenos Aires, 1958, pp. 50–69 («El "Rinconcillo" del café Alameda»)。

[1] 所谓的"格拉纳达之弦"最初大约形成于1850年，以佩德罗·安东尼奥·德·阿拉尔孔（Pedro Antonio de Alarcón）为中心。见 Miguel Gallego Roca (ed.), *«La Cuerda Granadina»: una sociedad literaria del postromanticismo*, Granada, Comares, 1991。加尼韦特所属的团体叫作"榛树社"，因为1897年成员们在榛树泉集会。榛树社成员们编撰了一本《格拉纳达之书》（*Libro de Granada*），撰文者包括安赫尔·加尼韦特（Ángel Ganivet）、加夫列尔·鲁伊斯·德·阿莫多瓦（Gabriel Ruiz de Almodóvar）、马蒂亚斯·门德斯·贝利多，尼古拉斯·玛丽亚·洛佩斯（有一份1988年格拉纳达出版的摹本，由安东尼奥·加列戈·莫雷利 [Antonio Gallego Morell] 作序）。

我本来在格拉纳达学习法律和文学。之前我跟一位老师学习音乐，他创作了一部极好的歌剧《耶弗他的女儿们》，不过反响惨淡。我把我的第一本书《印象与风景》[1] 题献给了他。我和我的另一位老师兼挚友多明格斯·贝鲁埃塔[2]一起游历了西班牙，我从他那儿受益良多。本来都准备好让我拿奖学金去博洛尼亚了，但我和费尔南多·德·罗斯里奥斯（Fernando de los Ríos）谈过之后，还是打算去学生公寓，于是我就来马德里了，继续学习文学。

你在这一般都和谁做伴？

达利、布努埃尔、桑切斯·本图拉、比森斯

---

[1] "怀着敬意纪念我年迈的音乐老师，他葡萄藤似的双手多少次在风中弹奏过琴键、谱写过节奏，当他听见贝多芬的一首奏鸣曲，又像个恋爱中的小伙子一样，被往日的激情熬煎，用这双手拂过黄昏的银发。他是一位圣人！我以全心的虔诚奉上这本书。"（*Impresiones y paisajes*, ed. Rafael Lozano Miralles, Madrid, Cátedra, 1994, p. 55.）此处指的是堂安东尼奥·塞古拉·梅萨（Antonio Segura Mesa），他确实创作了这部独幕剧。

[2] 马丁·多明格斯·贝鲁埃塔（Martín Domínguez Berrueta）是格拉纳达大学文学和艺术理论专业教授，也是催生《印象与风景》（*Impresiones y paisajes*）这部作品的修学旅行（1916年至1917年）的组织者。

（Vicéns）、佩平·贝略（Pepín Bello）、普拉多斯，等等。[1]

都说你在学生公寓的奇妙经历可以写成一本书。你觉得最有趣的经历是什么？

沙漠棚屋。有天我和达利钱用光了。也不是第一次了。我们在学生公寓的房间里做了个沙漠出来，沙漠里有一间棚屋，一个神奇的天使（摄影三脚架、天使脑袋、用浆过的领子做的翅膀）。我们打开窗户向人们求助，仿佛在沙漠中迷了路。我们两天都没刮过胡子，也没出过房间。半个马德里都经过了我们的棚屋。我们还发明了"腐烂者"的游戏，现在已经流传开了。[2]

---

[1] 1919 年至 1928 年间，洛尔迦住在马德里的学生公寓。上述同伴分别是萨尔瓦多·达利、路易斯·布努埃尔、拉法埃尔·桑切斯·本图拉（Rafael Sánchez Ventura）、何塞·贝略·拉谢拉（José Bello Lasierra）和埃米利奥·普拉多斯（Emilio Prados）。见 Juan Pérez de Ayala (ed.), *Poesía, Revista Ilustrada de Información Poética*, n° 18 y 19, monográfico dedicado a la Residencia de Estudiantes, 1983。

[2] 画家兼舞台设计师圣地亚哥·翁塔尼翁（Santiago Ontañón）（转下页）

你都写了些什么作品?

我十七岁就开始写作。我的第一本书是《印象与风景》。之后写了《组曲》(*Suites*,尚未出版)、《深歌集》(*Poemas del cante jondo*,尚未出版)[1]、《诗集》(*Libros de poemas*,马洛托出版社,1921)、《歌集》(*Canciones*,海岸出版社,1927)、《吉卜赛谣曲集》(西方杂志,1928)、《玛丽亚娜·皮内达》(滑稽戏出版社,1928)。

你接下来准备写些什么?

《颂歌》和《三次斩首》(*Las tres degollaciones*,《文学报》)。一卷戏剧:《堂佩尔林布林和贝莉莎在

(接上页) 在他精彩的《加西亚·洛尔迦小传》(*Semblanza de García Lorca*)一文中回忆了这一轶事。见 *Federico García Lorca, Dibujos*, proyecto y catalogación de M. Hernández, Madrid, 1986, p. 20。关于"腐烂者",洛尔迦在 1925 年夏天还和达利筹划过创作一本《腐烂者之书》(*Libro de los putrefactos*)。见 R. Santos Torroella, *Los putrefactos de Dalí y Lorca. Historia y antología de un libro que no pudo ser*, Madrid, Publicaciones de la Residencia de Estudiantes, 1995。

1 *Impresiones y paisajes*, Granada, Imprenta V. P. Traveset, 1918. *Suites*, edición reconstruida por A. Belamich, Barcelona, Ariel, 1983. *Poema del cante jondo*, Madrid, Ulises, 1931.

花园中的爱情》和《大头棒木偶戏[1]》(*Los títeres de Cachiporra*)。一本《画集》(*Libro de dibujos*),是我巴塞罗那画展的作品集。[2] 还有一些别的。

你现在的理论立场是怎样的?

纯粹地工作。回归灵感、纯粹的本能、诗人的唯一理性。我受不了推崇逻辑的诗歌。贡戈拉的

---

[1]　"大头棒木偶戏"是西班牙一种传统的手套木偶,因常有木偶持大头棍棒互相击打的场面而得名。——译注

[2]　《颂歌》指的应该是《萨尔瓦多·达利颂歌》(1926 年 4 月发表于马德里的《西方杂志》)和《祭坛圣体颂歌》(1928 年 12 月发表于《西方杂志》)。见 *Oda y burla de Sesostris y Sardanápalo*, ed. Por M. García Posada, Esquío, Ferrol, 1985。诗人提到的"三次斩首",已知的只有两篇,即《无辜者的斩首》(1929 年 1 月 15 日发表于《文学报》)和《施洗约翰的斩首》(见 *Revista de Avance*, La Habana, núm. 4, 1930)。关于《堂佩尔林布林和贝莉莎在花园中的爱情》,1929 年上半年,西普里亚诺·里瓦斯·切里夫(Cipriano Rivas Cherif)领导的"蜗牛"(El Caracol)剧团准备将这部作品搬上舞台,但后来作品却被普里莫·德·里维拉(Primo de Rivera)时期的审查封禁(见 M. Laffranque, «Bases ...», op. cit., pp. 421–469)。有关《大头棒木偶戏》的文本历史,见 Francisco García Lorca, op. cit., pp. 275–282. *Títeres de Cachiporra. Tragicomedia de don Cristóbal y la señá Rosita*, ed. de Annabella Cardinali y Christian De Paepe, Madrid, Cátedra, 1998。洛尔迦的画展于 1927 年 6 月 25 日至 7 月 2 日之间在巴塞罗那的达尔毛(Dalmau)画廊举办,但这本《画集》只是构想,最终未能出版。

教导到此为止。现在我追寻本能的激情。[1]

亲爱的洛尔迦,你喜不喜欢被叫作无价钻石、没有时间的未来、当下的永恒、占星柏树、引擎和压发梳、四行短诗酱汁和棒花之王的胜利、雪和摩尔人的赫拉克勒斯?

我不介意,只除了一点:我取诨名的纪录会被打破。

希梅内斯·卡瓦列罗

(Giménez Caballero),1928 年

---

[1] 洛尔迦于 1928 年 10 月底或 11 月初在致豪尔赫·纪廉的信中写道:"我一直辛勤创作。做的是很不一样的、直接从灵感中诞生的东西。现在我感觉开始隐约看见我一直渴望达到的诗歌水平了。"(*Epistolario II*, op. cit., p. 122, *Epistolario completo*, p. 596.)

一次家中访问[1]

（1935年）

我们正准备搭电梯去诗人加西亚·洛尔迦家里，就遇到一位六十多岁、笑容可掬的老先生，他披着一件简朴的斗篷，看着就像位西班牙慈父，气质有点传统。

"您是上家里去吗？"他亲切地问我。

这位会是谁呢？我想丘埃卡大师[2]大概也是这样的一位老先生。气质像个训练有素的独幕喜剧作家，又像世纪末的作曲家。

"您是上家里去吗？"

"我上诗人加西亚·洛尔迦家里去。"

"他是我的儿子。您上去吧。他现在应该正起

---

[1] 本篇访谈1935年2月18日发表于马德里的《声音》(*La voz*)。
[2] 指西班牙作曲家费德里科·丘埃卡（Federico Chueca，1846—1908）。

床呢，您瞧，都到午饭点了。不过，他也工作到很晚。"

我们进了家门。一条很长的走廊。一间布置简单的小会客厅，跟那位一家之主同样素朴，甚至还有些外省的亲切感。一幅祖母的肖像摆在显眼的位置上。我们像是在加西亚先生格拉纳达的大宅里，仿佛加西亚先生的儿子还在马德里求学，刚刚开始被各家报纸称作注定大有作为的诗人。

温馨家常的氛围中，洛尔迦绘于1924年的一幅钢笔肖像画格外显眼。它的风格很现代，很强烈。还有一个颇具异国风情的物件：装在玻璃匣中的巨大热带蝴蝶。

您在看什么呢?（诗人问我们，还在揉眼睛）**那是我上一次美洲之旅的纪念品。很漂亮，是不是?**

美极了。

我们要去那边吃饭来着，没错吧?

对。

我还没清醒呢。我昨晚一点开始工作，我到家的时候就已经是那个点了。我写到很晚。

您一般习惯几点工作？

几点都行。要是我动了笔，就会写一整天，但我并不想被束缚。我还是想像一直以来那样工作。像一个家境优裕、不必卖文为生的人，想什么时候写就什么时候，想写什么就写什么。父母对我的恩情，我实在无以为报。

但是，您已经在赚钱了，您写的作品已经赚了不少钱。《吉卜赛谣曲集》出了许多版，洛拉·门布里韦斯在美洲表演《血婚》和《了不起的鞋匠婆》，已经表演了数百个夜晚。《耶尔玛》是马德里这个戏剧季最受欢迎的作品。

嗯，但连成功也不能束缚我。我会像从前一样工作，不为利益，只为内心的满足。要时刻铭记圣方济各的教导："不要为了爱财而工作；要在灵敏的感觉中蒸馏出感官的享乐；要谦卑。"或者是，要对自己真诚。

我们到了一间餐厅。诗人想吃得简单些，便点了最家常的菜式。他不喝葡萄酒。

我热爱万物的简朴。这种简朴的生活方式，我是在童年，在乡村学到的。因为我不是在格拉纳达，而是在一个叫丰特瓦克罗斯的小村出生的。

这是多少年前的事呢？

1900年。乡村就是我童年的全部。牧人、田野、天空、孤寂。总而言之，简单朴素。我很惊讶，人们竟以为我作品里的元素都是我的大胆发明，诗人的恣肆创造。不是的。它们都是真实的细节，很多人觉得奇怪，只因为很少见到有人用如此简单，却鲜少有人践行的方式接近生活：看和听。多简单啊，是不是？

洛尔迦孩子般的脸上洋溢着笑容。他结实、黝黑，脸蛋丰满，一双黑眉十分活泼。用他的安达卢西亚乡野的一个比喻来说，他就像一头立在风景中央的快活的小公牛。

您觉得，在您的性格里，哪种力量更强大，是抒情的力量，还是戏剧的力量？

戏剧的力量，毫无疑问。比起风景本身，我对风景中栖居的人更感兴趣。我可以注视一座山整整一刻钟之久；但我马上就会跑去跟牧人说话，跟山里的伐木工谈天。之后，在写作的时候，我记起这些对话，就能想到真正接地气的表达。我有许多孩提时代听人讲话的回忆，就像浩繁的档案。这就是诗意的记忆，我所依赖的正是它。其他的那些东西，信条啦，美学流派啦，我都不在乎。我没兴趣做古人，也没兴趣做现代人，只想坦率地做自己。我很清楚那种假学究式的戏剧是怎么写的，但那种戏剧不值一提。在我们这个时代，诗人应当为他人敞开血管。所以我才专注于戏剧的力量，除了这些原因,更因为戏剧能让我们更直接地接触群众。

加西亚·洛尔迦,您说说看,您觉得现在您的文学表达定型了吗?

我不觉得。什么话呀!我每天早上都会忘掉我写过的东西。这是谦卑的奥秘,也是勇于写作的奥秘。有时候,当我看见这世上发生的事情时,我会自问:"我为什么要写作?"可是,必须工作,工作。工作,帮助那些值得帮助的人。工作,尽管有时努力好像是徒劳。将工作视为一种抗议的形式。因为,一个人每天在这个充斥种种不公与不幸的世界上醒来,就会本能地呐喊:我抗议!我抗议!我抗议!

(他顿了顿,又补充道)**此外,我还筹备着好几部有关人性和社会的戏剧。其中一部是反战的戏剧**[1]。**这些剧作的内容和《耶尔玛》或《血婚》这**

---

1 这部戏剧名为《炮灰:反战戏剧》(*Carne de cañón. Drama contra la guerra*),见 M. Laffranque, *Teatro incluso*, op. cit., pp. 77–78。

些作品迥然不同，需要换一种处理的技巧。

您认为阿尔贝蒂新创作的无产阶级诗歌如何[1]？

阿尔贝蒂是位伟大的人。我知道他现在写的诗很纯朴。我一直以来都对他本人很钦佩，现在又多了一层深深的敬仰。

我们走出餐厅，来到街上。下午三点钟。寒冷和太阳。几排老人紧贴墙上的阳光。

洛尔迦，您从美洲回来，对那儿的人有什么印象？

我发现有很多渴求戏剧的观众。他们很可敬，懂得尊重。我去了《画报》评论家巴勃罗·苏埃罗翻译的一部戏剧的首演。换作我们这儿那些无趣又

---

[1] 阿尔贝蒂在他的《诗集（1924—1930）》（*Poesía [1924–1930]*）里加入了如下警示："自 1931 年起，我的作品和生活都服务于西班牙革命和国际无产阶级。"

假道学的伪君子,压根就不会让它演到第二场。

那儿的风景呢?

世上最寂寞的就是潘帕斯草原,浸透了寂静。

您在旅途中有写些什么吗?

我一直在写。随时随地记下诗句。最近我要出版两本书:《伊涅修·桑契斯·梅希亚思挽歌》(*Llanto por Ignacio Sánchez Mejías*),还有一卷名为《死亡入门》的诗集[1],我会选进大约三百首诗。

您常读书吗?

看时节。有些时候,我一天会读两本书。对我来说,读书已经是一种智力体操了。

您记性很好吗?

跟我的生活一样好。我只对一样东西记性差:

---

[1] 《挽歌》在同年五月由十字与横线出版社出版。《死亡入门》(*Introducción a la muerte*)是诗人为纽约时期的诗歌构思的一个诗集名字,似乎是采纳了聂鲁达的建议。

细枝末节。想要伤害我的人纯属浪费时间,因为我转眼就会忘掉那些事。要用健康的笑容应对一切。您看,我的第一部作品,《蝴蝶的妖术》首演的时候[1],用了德彪西的音乐伴奏、巴拉达斯的舞台布景,可是人们却狠狠跺脚,大喝倒彩!

您现在会笑吗?

当时我也笑。当时我就已经在笑了。说得更准确些,我今天的笑容就是昨天的笑容,是我童年的笑容,乡村的笑容,野生的笑容。我会永远捍卫这种笑容,直到我死为止。

《船头桨手》(*Proel*),安赫尔·拉萨罗(Ángel Lázaro),1935 年

---

[1] 1920 年 3 月 22 日。

与加利西亚 [1]
（1933年）

加西亚·洛尔迦用他略似水手的声音在电话里对我们说：

"您过来吧。我的讲演结束了。我去冲个凉，您正好过来。我们在这儿谈好了。"

宾馆房间真是一间诗人之屋。一张床头柜上堆满了香烟、书、铅笔、四开纸，还有一个空瓶子和散乱的各国硬币。我深陷椅中的条纹裤上方，一枚阿根廷比索正在寂寞地哭泣。

淋浴声中，打字员敲着键盘，在那些宽大的

---

[1] 本篇访谈作者为何塞·R. 伦塞（José R. Lence）和摄影师弗朗西斯科·梅亚纳（Francisco Meana），1933年10月22日发表于布宜诺斯艾利斯的《加利西亚邮报》（*Correo de Galicia*）。之后收入 M. Laffranque, «Federico García Lorca. Déclarations et interviews retrouvés», *Bulletin Hispanique*, Burdeos, 58, 3 (1956), pp. 320–323, *OC* III, pp. 561–564, y *Prosa*, pp. 458–461。我们参照的就是这个版本。

四开纸间焦急地试图破译一个单词。纸上记着诗人之后要为"艺术之友"做的讲座的笔记,字迹难以辨认。

"这个单词是?"打字员问道。

"哪个?"诗人在浴室里反问,仍然高声唱着歌。

"埃尔维拉(Elvira)……埃尔维拉……什么埃尔维拉?"

"热情的埃尔维拉,孩子;她叫'热情的埃尔维拉'[1],一个高贵神圣的名字,属于塞维利亚的一位咖啡馆歌手……"

之后他又说出了一个又一个名字。好像精魂来到处插手,翻乱一切一样,稿纸上混着各种各样的名字:先知以赛亚、"梳子女郎"帕斯托拉·帕冯(Pastora Pavón)、戈雅、圣胡安·德·拉克鲁

---

[1] "热情的埃尔维拉""三十多岁,不愿嫁给一个罗斯柴尔德家族的男人,觉得对方的血统配不上她"。见 José Javier León Sillero, *El duende lorquiano: de hallazgo poético a lugar común flamenco*, Tesis doctoral, Granada, Universidad, 2015。

斯,还有那位出类拔萃的加的斯人,他很英俊,如"罗马龟形盾"般高大,并且从来没有工作过,因为他毕竟是个加的斯人……

我们提前了许多个小时,先一步听到了加西亚·洛尔迦的讲演,还是在水中进行的。晚些时分在"艺术之友"[1]聆听讲演的听众,印象想必不会如我们一般深刻。

随着诗人说完最后一个词,流水之歌也告一段落,镶嵌玻璃的门被大力拉开。加西亚·洛尔迦知道我们是加利西亚人,以一个用力的拥抱来迎接我们。他知道我们是加利西亚人,对我们说:

"加利西亚就在我心中,我在这儿生活过[2],也梦想过许多:对我来说,梦想比生活要更好。"

我们交谈起来:在这位结实健壮又精致文雅

---

1 "讲演反响都很好。因为'艺术之友'是一个布宜诺斯艾利斯的上流精英协会,有很多听不到讲演的人给我写信,请我到剧院去讲。我是想这么做。"出自 1933 年 11 月洛尔迦寄给家人的信。见 *Epistolario completo*, op. cit., p. 780。
2 洛尔迦 1916 年去过加利西亚,1932 年又去做过讲演。

的小伙子口中，圣地亚哥德孔波斯特拉（Santiago de Compostela）是一小节诗歌。在他的讲述中，有那么一会儿，我们重新经历了圣雅各和他的朝圣者们漫长神奇的旅途。

"**为了追寻健康，那些身心交病的朝圣者带着他们的痛苦和罪孽挤满这世上的道路，想要抵达那位勇壮阳刚、能行奇迹的圣徒脚下。如今，在被太阳的抚爱烤焦、被水的揉摸磨光的千年老石中，仍然镶嵌着朝圣者们的声音。**"

睡梦，更确切地说，幻梦，亲爱的洛尔迦，应当成为医生开出的一味药，绝对会有很好的疗效。对一个身心交病的人来说，在圣地亚哥德孔波斯特拉度过一夜，比在尼斯消磨一季还要有效。

孔波斯特拉和加利西亚的风景……它们惊人的力量怎会不催生出满怀活力和柔情的诗人？

"**我一到加利西亚，就也被这两种力量占据，于是我也感觉自己是高草丛的诗人，是高远缓慢的雨水的诗人。我感觉自己是个加利西亚诗人，感到**

一种写诗的迫切愿望,它高唱着,推动我去了解加利西亚,还有加利西亚的方言或语言——不管怎么叫,都是同样美妙……在研究加利西亚,研究它的文学和音乐的时候,我发现它们和安达卢西亚的——更准确地说,弗拉门戈的,再确切些,吉卜赛的——音乐和文学有着奇妙的相似性。多有意思啊!那些节日庆典上的吉卜赛人,那些带着舞蹈艺人、毛茸茸大熊、邋遢秃尾巴猴的兄弟,在加利西亚可活不下去。在这儿,他们谁也骗不了,还时常会被人骗。"

我们说,这就是我们民族的神秘之处,当然,是为了引出下一个带有双重意图的问题:您呢,您是西班牙人吗?[1]

"当然了,"他答道,"您呢,作为一个地道的加利西亚人,以吉卜赛人般的狡黠抛给我一个问

---

[1] M. 拉弗朗克的解释很正确:这里反映了第二共和国期间民族主义的再次兴起。加利西亚文化民族主义的代表是《我们》(*Nós*) 杂志社。

题，而我呢，作为一个吉卜赛人，将会回答您的问题。因为有时候，吉卜赛人也会说真话。首先，我是个西班牙人，这是最重要的一点。此外，我也热爱着各个地区的独特风貌。安达卢西亚和加利西亚之间有着多么深、多么大的差异啊！但是与此同时，又有一股潜意识的地下源流，一道精神之轴，连接着它们的人民，也就是我在讲演中说到的精魂，它在一副表情、一个声音、一种态度，更在一种情感中表现出来，但它的形式和背景要解释起来就太长了。西班牙地图是一张牛皮的形状，对不对？有很多次，我想，很长一段时间内，它是在脊背那里对折的，阿斯图里亚斯人、加利西亚人、安达卢西亚人和东部海岸人，都生活在一锅欢快的大杂烩里，一些叠在另一些上头，直到有一天，牛皮展开，我们摊上了养育葡萄藤和橄榄树的灼人烈日，你们则得到了滋润万物的连绵雨水，它为草原涂上玻璃般的绿色，为石头覆上天鹅绒般的苔藓。"

电话响了。是西班牙大使打给加西亚·洛尔迦的。

"好,马上,采访六点开始的,现在是……"

诗人惊恐地看向我们,接着,他像一个天马行空的孩子一般做出了决定,叫我们坐到床沿,挨在他身边。摄影师给我们照了相,迅速得令人晕眩。然后,衣服就飞舞起来,逐一占据洛尔迦的身体。

他指间缠绕着领带。

"告诉我,伦塞,"他问我们,"这儿哪里的弥撒大家公认做得好?"

"兄弟,这方面我给不了您意见。但是梅亚纳,他从来不错过一场……"

"但是,您……?"

"没错,兄弟。"梅亚纳说,"命运使然,我逃不脱啊,我小时候去做过辅祭,于是后来也对礼拜很狂热。您也是一样吗?"

"做辅祭这点不太像,其他都一样。周日我们去望弥撒吧,埃尔埃斯科里亚尔(El Escorial)的神父们为了卡洛斯五世的灵魂日日做弥撒,看看这儿的神父能不能也展现出他们那种丰盈的优雅。"

"哎,费德里科,您都要走了,还没跟我讲讲您的加利西亚组诗呢。盛传这些诗跟《吉卜赛谣曲集》里的那些诗一样美。"

"我的加利西亚组诗?[1]《吉卜赛谣曲集》?《血婚》?《深歌集》?这些书都在哪儿呢?我有个模糊的印象,其中一些应该出过一版,剩下的还没有出版过。不过,您不要心急,我都记着呢,哪天没有同您交谈这件乐事来分心,没有大使在等我,哪天我不必热情接待这个国家的记者、作者、演员、诗人、文人——因为在这里,亲切有着春光与春风的颜色与滋味——到了那天,我就会着手编我的作品。我会把最好的一首加利西亚诗歌献给您,也就等同于献给所有同胞。好吗?"

1　1932 年 12 月,洛尔迦在卢戈(Lugo)的《砧》(*Yunque*)上发表了《圣地亚哥情歌》(*Madrigal á cibdá de Santiago*);1935 年在圣地亚哥的《我们》杂志上发表了《六首加利西亚语诗歌》。

这位壮小伙儿给了我们一个令人感动的紧抱。在我们看来,他是位和善的天才,心中满溢最纯粹的乐观精神,令他周围的一切也快活起来。

汽车发动,朝大使馆疾驰而去。"哎!卡尔巴列拉!"[1]他从车窗喊道,声音如水手,他向我们伸出双手,触碰到我们的心灵,就像那首神圣的《月亮,月亮谣》(*Romance de la luna, luna*)……

---

[1] 原文为"Ei, carballeira",直译为"哎,橡树",是加利西亚的常用表达,用于表示欢快的情绪。——译注

大幕拉开

《玛丽亚娜·皮内达》首演[1]
（1927年）

在我负责的这一系列新婚翌日式的访谈中，有些是很可悲的——那些因失败一蹶不振者的访谈——另一些则明显表现出我对前一日胜利者的尊敬。通过这些访谈，我观察到，在观众和评论家对自己作品的褒贬这个话题上，那些乍看之下没什么可说，或者更希望保持沉默的剧作家，最后往往会更加直截了当。比韦斯、金特罗兄弟、格雷罗[2]，

---

1 本篇访谈1927年10月15日发表于《马德里先驱报》；之后编入 C. Maurer, «Five uncollected interviews», *García Lorca Review*, Brockport, New York, Ⅶ, 2 (1979) 和 *OC Ⅲ*, pp. 492-495, 以及 *Prosa*, pp. 360-363。

2 阿马德奥·比韦斯（Amadeo Vives，1871—1932年），西班牙民族轻歌剧萨苏埃拉剧《堂娜弗朗西丝基塔》（*Doña Francisquita*）的作者。塞拉芬·阿尔瓦雷斯·金特罗（Serafín Álvarez Quintero，1871—1938）和华金·阿尔瓦雷斯·金特罗（Joaquín Álvarez Quintero，1873—1944）兄弟，塞维利亚喜剧作家。哈辛托·格雷罗（转下页）

都是这样。但是，没有谁比这位初出茅庐的剧作家、热情洋溢的格拉纳达好小伙更滔滔不绝，更兴高采烈、开朗快活、坦然自若地应对我的问题，给出全面的回答。与此同时，他作为杰出的诗人，在有限而高强度的诗歌创作中却又是那么简洁、凝练、有分寸。费德里科·加西亚·洛尔迦用三个分词[1]分别回答了我的三个问题："幸会"（对观众）、"感激"（对评论）、"不满"（对作品本身，这部剧写成已是六年前的事情，如今在这位年轻创作者清新而丰产的心中显得陈旧、枯萎[2]）。

之后，他以朋友身份向我解释自己为何在记者面前慎言[3]：

（接上页）（Jacinto Guerrero，1895—1951），萨苏埃拉剧《塞维利亚人的宾客》（*El huésped del sevillano*）的作者。

[1] "幸会"（encantado）、"感激"（agradecido）、"不满"（descontento）在语法上均为动词的分词形式，表示状态。——译注

[2] 《玛丽亚娜·皮内达》于1927年10月12日在马德里丰塔尔巴（Fontalba）剧院首演，主演是玛加丽塔·希尔古（Margarita Xirgu），布景由萨尔瓦多·达利负责。

[3] 我们重新加入了"之后……慎言"一句。

"对我来说，写戏剧和写书一样，都是一种游戏，一种令我愉快的娱乐。那么当然，我在这项运动里寻找的是快乐，而不是忧虑。所以我才不想跟您说什么认真的话，我也不想弄得很复杂，不想和别的作者、评论家、朋友和敌人起冲突，我们都只是想找些乐子而已。"

但我做报道跟写抒情诗和诗剧一样，都怀着同样的运动精神，我也在这类游戏、这些访谈的竞赛中，寻找自己的乐趣——如果可能的话，也寻找读者的乐趣所在——我当然不会满足于访谈对象的遁词。何况，又正赶上《玛丽亚娜·皮内达》首演，这次首演可是引起了四面八方热烈的争论呢。（为了给作者留出坦白的空间，对于我为了让加西亚·洛尔迦开口而采取的穷追不舍的提问方式，在此就略过不提。最后我还是成功了。但我没能让他说出最真诚的感想，这位诗人坚持要扮演纨绔文人的讨喜形象，对诚心发问的记者来说，这可是比沉默、犹疑和回避更危险的沙

洲……[1])

"至于观众,您可以这么说,"我的谈话对象宣称,"我并不会为他们的喝彩而激动。所以我出来和您打招呼的时候才这么淡定。他们鼓掌的时候,您也看到了,大家都能做证,我正忙着在包厢和座位中间找熟人的脸呢。因为我'喜悦且笃信'[2]。现在,鉴于剧作的成功看起来仍能持续,我要坦白地说,就像那些已对一切失望的剧作老手只依赖听众对作品的即时反应一样,对我来说,有趣的正是让观众鼓掌。嗯,您已经知道了,在我这儿,有趣就是好玩。没什么比看见观众为我的一个游戏、一部我以一贯的游戏心态创作的作品欢欣鼓舞更好玩的了。"

"说到评论,我首先要承认,有一千个不同的玛丽亚娜·皮内达。英雄玛丽亚娜,母亲玛丽亚

---

[1] 我们重新加入了"但我做报道……沙洲"一段。

[2] 此处化用哈辛托·贝纳文特的《喜悦且笃信之城》(*La ciudad alegre y confiada*)。

娜，恋爱中的玛丽亚娜，刺绣的玛丽亚娜，甚至还有一个缝纫、搓洗小孩尿布、为客人烧菜的世俗的玛丽亚娜。但我并不打算把每一个玛丽亚娜都'创造'出来。要选的话，我对情人玛丽亚娜更感兴趣。有些人提出剧中缺少玛丽亚娜·皮内达与孩子悲壮告别的场景——这场景很有感染力，戏剧效果也很强，它当然是存在的，就像其他很多场景也是存在的，只是我略去不写而已。每个表演者与我合作的时候，都想象着剧中缺少的这些场景。剧中缺少母爱？并非如此。只是我的女主角顺从内心更为强烈的另一种爱；或者说，玛丽亚娜不是对自由的爱，也不是自由的殉道者，她本身就是自由，这种伟大的感情——'她自觉是不可侵犯、不可战胜的自由'——并不从属于另一种更低等的感情。她在至上的法则之内爱着她的孩子，她拒绝告发自由派同党时说的那些话已经表达了这一点：'我不想被我的孩子们鄙夷！我的孩子们会有/满月一般清白的名/我的孩子们脸上会有/岁月和风都擦不去的光！/如果我告密，格拉纳达所有街道上/都会怀着恐惧念出我的名。'自由派玛丽亚娜在我的剧里被矮化了？这是一种看法，但我不同意。当佩德罗萨——不是斯卡皮亚[1]，而是佩德罗萨——逮捕了她，伤害了她灵魂中最单纯的部分，也就是对自由的感受时，我的玛丽亚娜这样叫喊：'我被捕了，克拉韦拉，我被捕了！……现在我开始死去！'

"此外，我也不相信立宪派编造的那套自由派玛丽亚娜·皮内达的神话。阿纳托尔·法朗士（Anatole France）不是证实了许多拜占庭圣徒并不存在吗？[2]

1　斯卡皮亚是普契尼歌剧《托斯卡》(Tosca)里残酷的警察局局长。
2　见阿纳托尔·法朗士《鹅掌女王烤肉店》(El figón de la Reina Patoja)："那位欧斯塔基奥的生平不过是荒诞杜撰的产物。亚历山大的圣凯瑟琳也一样，她只存在于某个无耻拜占庭僧侣的想象中。" Obras escogidas, Madrid, Aguilar, 1979, p. 614（《鹅掌女王烤肉店》法文原名为 La rôtisserie de la reine pédauque，1900 年由路易斯·鲁伊斯·孔特雷拉斯 [Luis Ruiz Contreras] 翻译为西班牙语）。

"我们不是都知道吗，鲁伊斯中尉[1]这个英雄人物并不存在，他只是步兵添油加醋发明出来的神话，用来与我们炮兵部队的真英雄贝拉尔德和道伊斯的光辉名声相匹敌。而且，我构思玛丽亚娜·皮内达时，想得更多的是朱丽叶而不是友第德，是自由的田园诗而不是自由的颂歌。

"剧中有母题和花招？当然啦！在我创作舞台风情画的时候，它们都是很有用的技巧。我用了其中一些——不是所有想用的都用了——它们跟作品氛围匹配，适合它鲜少（poco）[2]反讽色彩的浪漫主义特征的技巧。时代错位也很适用于我的戏剧，我毫不犹豫地把托里霍斯的枪决放在了玛丽亚娜·皮内达的处刑之前。我觉得时代错位是戏剧中最美的效果之一，尤其是当作者想创作的并不是历史剧，而是诗剧的时候。精心选择的错

---

1 指西班牙军人哈辛托·鲁伊斯·伊·门多萨（Jacinto Ruiz y Mendoza，1779—1809）。1808 年，他参与了反对法军占领的五月二日起义。——译注
2 在《全集》和《散文》中都作"但是"（pero）。

位就是对一个时代的浓缩。如果没有那么多时代错位，我的戏剧的氛围就会有所减损。有些段落文绉绉，有些段落很俚俗？我又要说，当然啦！在这种不平衡中会诞生对比，另一种美丽的戏剧效果。最后的几幕很长？因为我想把爱、自由和生命垂死之际的那种痛苦整个儿地灌注进去……从一般的长度标准来看，克利奥帕特拉之死的精彩终幕也很长，甚至长得不合时宜。哦，我希望您写这个的时候谨慎一点，忠于我的原意：您别会错了意，以为我要自比莎士比亚。我是说，我把莎士比亚当作权威，当作楷模。我接下来对您说的也不是出于荒唐的虚荣，而是出于对自己追求的自觉：我的戏剧创作寻找的是洛佩式的古典感，我的诗歌创作则是从两个方向——高雅和大众——寻找贡戈拉式的古典感。因此，虽然《玛丽亚娜·皮内达》是一部浪漫主义戏剧，但它并不追随我们的浪漫主义经典作家的道路，和加西亚·古铁雷斯（García Gutiérrez）、哈岑布施（Hartzenbush）或索里利亚全无关系。啊！还要加上一点，虽然我很欣赏已成往事的至上主义运动，但我从来不是个至上主义者，也不是先锋派。

"最后，我还要跟您坦白，如今我没法清楚地评判我的这部作品，因为它已经是我很久以前的创作了。假如我要把它重写一遍，我会用不同的方式，一千种可能的方式里的某一种。因此我真诚地相信，每个评论家对这部戏剧的评判都有道理，都是从他们各自的角度出发。"

临别时分，费德里科·加西亚·洛尔迦对我说了这么一段题外话：

"根据最新的理论，采访是要收费的。作为我对您说过的这一切的报酬，我希望您再补充一句，玛加丽塔·希尔古极其出色地演绎了我的作品，我还很敬佩她，因为西班牙那么多自恃艺术的剧团都拒绝了我，她却敢来演。"

我回答："我会说的，不是报答您的亲切才说，而是心甘情愿地说。因为这些话说得很公道,就是事实。"

胡安·贡萨雷斯·奥尔梅迪利亚(Juan González Olmedilla),1927 年 10 月 15 日

诗人洛尔迦和他的悲剧《血婚》[1]
(1933年)

"何塞菲娜,请您讲一讲,您读完《血婚》后,对这部作品印象如何?"

"刻骨铭心,美妙绝伦。好久之前,费德里科大清早给我打电话,说想给我读读他的作品。我回答:'你什么时候来都行。''现在就来行吗?'他坚持道。'当然可以,我等你。'然后我从躺着的床上蹦起来,准备听他读一沓手稿。我不会跟您说,他作品的壮丽令我很惊艳。既然《血婚》是他的作品,我已经准备好面对我能想象的种种美丽。

---

[1] 见 «Muy antiguo y muy moderno», El poeta García Lorca y su tragedia «Bodas de sangre», *Crítica*, Madrid, 9 abril 1933。访谈附有一系列照片。之后编入 M. Laffranque, «Federico García Lorca. Déclarations et interviews retrouvés», *Bulletin Hispanique* LVIII, 3, julio-septiembre 1956, pp. 312–313, *OC* III, pp. 525–528, y *Prosa* pp. 417–420。

但是，加西亚·洛尔迦在这部作品里一矢中的，他的创作才华飞得那么高，以至于我听着听着，就有一股强烈的情绪袭上心头，不能自已地连连鼓起掌来，彻底折服于他的天才。之后就是排练、大获成功的首演，其他的，您已经知道了……"

现在轮到费德里科发言了：

"这不过是一部从第一幕到最后一幕都响着诗句的锤击声的剧作。自由而坚硬的散文可以抬升表达的高度，赋予我们在僵硬格律中不可能企及的自如。当情形到了那个地步，主题狂热地要求，诗歌就来得正是时候。但在别的时刻，诗就不该出现。您可以看到，《血婚》遵循这个原则，直到婚礼那一幕，诗歌才以它应有的强度和长度出现，在森林那一幕中更是继续支配着舞台，一直到落幕。"

"费德里科，《血婚》里您最满意的是哪一部分？"

"月亮和死亡作为宿命的元素和象征介入的那部分。此前一直占主导地位的现实主义破碎了，消失了，让位于诗意的幻想，我在其中当然是如鱼得水。"

"还有一幕,费德里科,"我争辩道,"没有完全脱离现实,但可以跟您说的那一幕相媲美。"

"哪一幕?"

"青春的声音合唱着,将新娘唤至婚礼神圣时刻的那一幕。您想再读一遍这部分吗?"

于是费德里科读了,我们将内容转写在下面:

少女甲(入场)

新娘醒来

少女甲(入场)

姑娘甲(进场):

醒来吧,新娘。

小伙子甲:

婚礼的早上

你多么漂亮!

山中的花儿,

就像司令的娇娘。

父亲（进场）：

司令的娇娘

新郎要娶回。

他已带牛来，

为了接宝贝。

姑娘丙：

新郎

就像黄金的花儿一样。

当他走路时

石竹都聚集在他的脚掌上。

女佣：

啊，我幸福的姑娘！

小伙子乙：

醒来吧，新娘。

女佣：

啊，我漂亮的姑娘！

姑娘甲：

娶亲的人们

在窗口叫嚷。

姑娘乙：

出来吧，新娘。

姑娘甲：

出来吧，出来吧！

女佣：

你听那钟声

敲得响不停！

小伙子甲：

已经来了！已经出来！

女佣：

就像一头公牛，

婚礼开始举行！

父亲。

婚礼正如一头公牛般

渐渐起身。[1]

---

[1] 引自赵振江译《加西亚·洛尔卡戏剧选》（河北教育出版社，2008年）。——译注

保重，我的朋友。何塞菲娜·迪亚斯·德·阿蒂加斯（Josefina Díaz de Artigas），保重，愿那对无比美丽、为彻底失去的事物哭累了的眼睛里能有一丝快乐。我们为这位费德里科·加西亚·洛尔迦的格拉纳达吉卜赛缪斯展开所有紫红的画布。她前额覆满抒情的香桃木，又刚刚在它们上方环起戏剧的金冠。戏剧需要新的声调，也需要前所未有的明亮的天才。保重，何塞菲娜。用力地拥抱你，我的朋友。

佩德罗·马萨（Pedro Massa）[1]，1933 年

1　佩德罗·马萨（1898—1987），记者，喜剧作家，被阿萨尼亚任命为韦斯卡（Huesca）省长，后流亡阿根廷。

《血婚》在布宜诺斯艾利斯[1]
（1933年）

我们没有采取讯问式的严肃报道——这种报道不适合既是位大诗人，又是个好小伙儿的费德里科·加西亚·洛尔迦——而是和《血婚》的作者进行了愉快的对谈。他口若悬河，思维跳跃。在此，我们选取了一些他对戏剧的看法。尽管他的初衷并不是发表，但我们忍不住要与读者分享。

一场演出就让我对布宜诺斯艾利斯的观众大为赞赏。在斯马特（Smart）剧院的《青春病》（*El mal de la juventud*）的演出里，我看见他们凝神细

---

[1] 本篇访谈1933年10月15日发表于布宜诺斯艾利斯的《评论》（*Crítica*），之后收入 M. Hernández, ed. op. cit. De *Bodas*... pp. 212-214, *OC III*, pp. 559-560, y *Prosa*, pp. 446-447，我们参照的即是这个版本。

听，不吵不闹。[1]真叫人赞叹。换作马德里的观众，肯定受不了这部作品里的大胆场景，也不知道他们究竟差在哪里，除了他们的作家平常给他们的那些东西，其他都没法接受。

《血婚》在马德里的演出难道不是很成功吗？

首演那晚，我的朋友们、知识分子们、评论家们都来了，演出确实大获成功。但之后的演出面向真正的观众群体，就没有那么轰动的反响了。只有几处掌声，好像是在说："嗯，挺好的，很不错。"然后就没什么了。

您想到过布宜诺斯艾利斯的演出会很成功吗？

我想过人们应该会喜欢我的作品，但没想到它这么广受欢迎。明年会有一个英语版本在纽约演

---

[1] 加西亚·洛尔迦到达布宜诺斯艾利斯当晚，就去观看了由巴勃罗·苏埃罗翻译的费迪南德·布鲁克纳（Ferdinand Bruckner）的《青春病》。剧作中的确有一些女同性恋情色场景。特别值得一提的是，剧中的德西这个角色是一个很有性格的叛逆女孩，《贝尔纳达·阿尔瓦之家》中的阿德拉或许受到她的影响。

出,还有一个法语版本在巴黎演出。但我没想到在布宜诺斯艾利斯会比在马德里反响更热烈。

我们向他描述了那个洛拉·门布里韦斯首演《血婚》的难以忘怀的夜晚[1]。

你们想知道我当时在做什么吗?我跟乌加特和我共同领导的"茅屋"剧团一起到阿耶韦(Ayerbe),一个丰饶而粗犷的村庄,搭建一座舞台。我在那里突然病倒了,不得不在一间西班牙旧客店的房间里卧床休息,在炎热的夜里烧到四十度。所有人都绝望地围着我,直到我叫他们去搭舞台,留我一个人休息。当我从昏睡中醒来,我看见他们给我盖的白毯子上爬满了臭虫。就是这样:人们在这里为我喝彩的时候,我就是那么一个状态,那么一个心情。

1　1933年7月29日。

有人批评您的《血婚》吗?

有个资产阶级批评它是部脱离现实的作品。我可以跟他说:"先生,您会死,会双手交叠在胸前,被一口棺材抬出来。您也会脱离现实的。现实就是这种东西。"

您排斥资产阶级观众吗?

我排斥的是热衷于欣赏这种场景的观众:主角在镜子前吹着口哨打领带,又忽然叫来仆人,说:"喂,佩佩,给我拿……"这不是戏剧,这什么都不是。但池座和包厢区域的观众每天都在做这种事,所以看见了也很高兴。我真想把池座和包厢都拿掉,让顶楼下来。剧院得向穿草鞋的观众开放。"女士,您带来了一条漂亮的丝绸裙子?那您出去吧!"穿草鞋的观众,面对哈姆雷特,面对埃斯库罗斯的作品,面对一切伟大之物。但是,搞什么呀!资产阶级正在毁灭西班牙戏剧里最重要的部分,也就是戏剧性。他们正在摧毁全世界戏剧文学最重要的两个组成部分里的一个:西班牙戏剧。另

一个是中国戏剧[1]。

加西亚·洛尔迦在不同的主题之间跳来跳去。不过,总有一道有关戏剧的火花点亮对话。我们写下的这一部分也是其中之一。

1　有关洛尔迦在纽约看的中国戏剧,参见 C. Maurer, *Poesía*, op. cit.。

《了不起的鞋匠婆》之一 [1]
（1933年）

大道剧院里回荡着音乐。洛拉·门布里韦斯、埃莱娜·柯尔特西娜（Helena Cortesina）和特立尼达·卡拉斯科（Trinidad Carrasco）跳着舞，费德里科·加西亚·洛尔迦则用手掌给他们打着拍子，时而就歌词给出指示。他们正在排练《了不起的鞋匠婆》，《血婚》作者的第二部戏剧作品。

中间休息的时候，加西亚·洛尔迦解释了怎么让剧团以芭蕾的节奏表演。

---

[1] 这篇访谈 1933 年 11 月 28 日发表于布宜诺斯艾利斯的《理性报》。之后收入 M. 埃尔南德斯主编的《了不起的鞋匠婆》(*La zapatera prodigiosa*, Madrid, Alianza, 1982, pp. 148–151, en *OC III*, pp. 565–567, y en *Prosa*, pp. 468–470)。我们参照的就是这个版本。

我本来可能会把《了不起的鞋匠婆》[1]放到"滑稽喜剧"（pantacomedia）的分类里，但这个词听起来太像个药名了。（诗人幽默地说道）你们也看到了，这部剧很接近一场芭蕾，同时也是一部滑稽剧，一部喜剧。

《了不起的鞋匠婆》表现了对清晰、简单、干净的追求。我写这部剧的时候，所有年轻人都在倒腾抽象戏剧，写一些古怪的玩意儿，让门窗都开口说话。对我来说，《了不起的鞋匠婆》就像是一拳砸在桌子上。这部作品在我的戏剧创作中紧跟在《玛丽亚娜·皮内达》之后。我努力想创作的是一部非常西班牙、语言非常纯净的滑稽剧。但这部剧绝不是风景画式的，我从不写风景画式的东西，你们从《血婚》也看得出来。《了不起的鞋匠婆》和其他作品一样，剧情都发生在一个安达卢西亚小村

---

[1] 1933 年 12 月 1 日首演。这场演出由洛尔迦本人导演，因此被认为是"真正的首演"（见 *La Nación*, 30 de noviembre; *OC III*, pp. 403-405）。

庄中，氛围非常欢快。在哪个小村庄里？随便哪个。因为我作品里的安达卢西亚主义虽然很有特色，却是抽象的。也正因如此，我的作品里采用的语言和词汇引起了历史研究中心几位老师的极大兴趣。他们都是做语文学的，师从梅嫩德斯·皮达尔（Menéndez Pidal）。佩德罗·萨利纳斯这位诗人兼教授精确地分析了《了不起的鞋匠婆》里的一些对话片段。

这部戏剧的主角代表了什么？

你们能问我这个问题，我很高兴，因为这个角色正是这部滑稽剧的内涵所在。她就像是人类灵魂的一个寓言。这位鞋匠婆代表着世上所有女人，也代表了人类的灵魂。滑稽剧本质上是一种伟大的戏剧。作者在序幕时就说了：我能把这部滑稽剧的角色藏到悲剧角色居住的岩石和苔藓后头。

这位鞋匠婆与现实斗争，当幻想要变成现实的时候，她也与幻想斗争。正如我之前所说，她身上凝缩了女性的灵魂，也凝缩了人类的灵魂。但是，这里并没有超验主义，也没有复杂难解之处。一切都以滑稽剧的调子简单地表现出来，

那些歌呢？

你们在哪部歌曲集里都找不到的。都是18世纪和19世纪的西班牙民歌，我收集起来，配上了和弦。有了这些歌，我就能完整地呈现《了不起的鞋匠婆》了。我三次把这部剧搬上舞台，每次都不一样。但现在它最符合我的趣味，最让我满意。

您这部剧第一次演出是什么时候？

1930年，在马德里的西班牙剧院，由玛加丽塔·希尔古的剧团表演。之后在戏剧俱乐部又上演了一次。戏剧俱乐部是我创立的，目的是对抗那些业余戏剧协会，它们成天演一些过时又无趣的作品。但这一版《了不起的鞋匠婆》会是最终的、最好的版本。你们已经看到洛拉·门布里韦

斯在排练里演得有多好了。我这话是真心的。她这样的演员世间少有,可以和古代伟大的喜剧女演员们比肩。她唱得多么好,跳得多么美,气质又是多么变幻万千!《了不起的鞋匠婆》的这个角色正适合她。

您写完《耶尔玛》了吗?

还没有。我得到乡村去,到一个安静翠绿的小角落去,才能写完它。

《耶尔玛》会在阿根廷上演吗?

不知道,还不知道呢。不过,我确信《堂佩尔林布林和贝莉莎在花园中的爱情》会上演。它的情节如同连环画的画面,构成一出独幕剧,很轻盈,跟《耶尔玛》和《血婚》很不相同[1]。

---

[1] 因为《了不起的鞋匠婆》很短,洛尔迦考虑过用《堂佩尔林布林和贝莉莎在花园中的爱情》这部"情色独幕剧"填补余下的时间。不过,从12月15日开始,填补时间的变成了闭幕演出的音乐节目,见第十篇访谈。

安达卢西亚音乐在大道剧院里再次奏响,费德里科·加西亚·洛尔迦离开我们,再次指挥起排练来。

《了不起的鞋匠婆》之二[1]

（1933年）

我们走进大道剧院的大厅时，节日闭幕演出的排练刚刚收尾。从今晚开始，加西亚·洛尔迦将同洛拉·门布里韦斯杰出的剧团一起，用这些演出款待前来观看美妙绝伦的《了不起的鞋匠婆》的观众。

又一次，我们见到这位伟大的诗人激情澎湃地指挥着演出，洛拉·门布里韦斯在旁协助，时不时给出精到的点评，帕科·梅亚纳（Paco Meana）也参与其中，在热闹的准备工作中重回他那并不遥

---

[1] 本篇访谈1933年12月15日发表于布宜诺斯艾利斯的《评论》，之后收入 J. Cominicioli, «En torno a García Lorca. Sugerencias. Documentos», *Cuadernos Hispanoamericanos*, núm. 139 (1961), pp. 37–76, M. Hérnandez, *Zapatera*, op. cit., pp. 184–190, *OC III*, pp. 578–582, y *Prosa*, pp. 481–485。我们参照的就是这个版本。

远的萨苏埃拉歌手的辉煌岁月。

加西亚·洛尔迦走过空荡荡的池座,坐在一把椅子上,看了一会儿,突然又跳起来:

"注意节奏!"他唱出节拍,同时依拍子挥舞双臂,"等下,拍子是这样的。"为了彻底解疑,他走到钢琴边弹奏,与此同时,排练在他的音乐和舞蹈指导下继续进行。

看加西亚·洛尔迦如何尽力使每个细节都得以实现,令每个部分都大放光彩,着实是件乐事。

"姑娘们,手臂举起来!好极了。这样就对了。"

有所转变的剧团

诗人、洛拉·门布里韦斯和四处大显身手的堂帕科·梅亚纳展现出的活力与热情感染了男女演员们,于是他们也显得孜孜不倦,主动要求再次排演舞蹈和歌唱的某些片段。他们的态度已经超越了单纯的乐意,简直到了热切的地步。

费德里科·加西亚·洛尔迦很快看见了我们，朝我们走了过来。他同我们握手问好，眼中闪烁着创作之光，对我们说：

"真是令人赞叹。你们看，他们工作的热情多么高涨啊！永恒的超越欲望激发了意志和竞争心，使一个喜剧剧团变得像泰洛夫带到布宜诺斯艾利斯的剧团一样[1]。现在，不管是悲剧、滑稽剧、喜剧，还是音乐喜剧，他们都能表演了。"

我了解民间艺术

诗人旋即又从我们身边走开，继续不知疲倦地指挥男女演员的表演。排练结束之后，他回到我们这儿来，继续道：

"《小朝圣者》(*Los pelegrinitos*)、《四个骡夫》

---

[1] 1930年，苏联导演亚历山大·泰洛夫（Alexander Tairov）带领的剧团在布宜诺斯艾利斯演出了贝托尔特·布莱希特的《三毛钱歌剧》（*La ópera de tres centavos*，见 Osvaldo Pelletteri (ed.), *Historia del teatro argentino en Buenos Aires*, Buenos Aires, Galerna, 2002, vol. II, p. 73）。

(*Los muleros*)、《卡斯蒂利亚秋歌》(*Canción de otoño en Castilla*)[1]……这还是我第一次把这些歌搬上舞台。不过,也许未来很多年,我都会导演这些节日的闭幕演出。"

"您是不是深入研究过西班牙歌谣?"

"没错;我抱着和其他人一样的好奇心接近西班牙歌谣,想对它进行科学的研究,最后爱上了这些歌曲。[2]十年来,我深入研究民间艺术,不过,不仅仅是以学者的眼光,更是以诗人的眼光去看待它。所以我经常自诩深谙民间艺术,还能做到目前在西班牙无人能及之事:把这些歌谣搬上舞台,唤起观众的兴趣,就像俄罗斯人所做的那样。俄罗斯和西班牙民间艺术的丰饶血脉中蕴

---

1 演出节目包括《小朝圣者(复活节谣曲)》《卡斯蒂利亚秋歌》和《四个骡夫(格拉纳达圣诞颂歌)》。洛尔迦在《一座城如何从十一月唱到十一月》中解说过第一首和第三首歌曲。

2 洛尔迦在 1930 年曾经录制过一张碟片《古民谣集》(*Colección de canciones populares antiguas*),他在碟片中为"阿根廷女郎"恩卡纳西翁·洛佩斯·胡尔韦斯(Encarnación López Júlvez)钢琴伴奏。见 *Federico García Lorca. Fotobiografía sonora*, textos de Andrés Soria Olmedo-José Miguel López, Ouvirmos, Sarria, Lugo, 2010。

含着相似的巨大可能性,当然,是和其他国家大不相同的可能性。很不幸,在西班牙,人们翻搅歌谣,却只是令它变质,谋杀它的生命力,很多萨苏埃拉作家就是如此,却风靡一时,颇受欢迎。他们对待歌谣的方式就像去博物馆里复制艺术品,而法雅已经说过:不可能用五线谱纸抄写歌曲,必须用留声机录制,才能保留它们美的无量精髓。"

歌曲自有生命

"你们刚刚也看见了,我很注重节奏,很在意微小的细节。说实话,必须这样推进:歌曲自有生命,细巧的生命,必须留心不让节奏有半点走样。每首歌都是平衡的奇迹,这种平衡很容易就会被打破:就像是放在针尖上的一盎司。"

"歌曲"加西亚·洛尔迦继续道,"和人是一样的。它们活着,自我完善着,其中的一些衰颓了,还有一些解体了,最后留给我们的只有这些重写的羊皮卷,上面满是空白和曲解。我在第一场节日闭幕演出里安排了三首歌,都正在它们完美的巅峰。《小朝圣者》如今还在格拉纳达传唱。有好些不同的版本,我在演出里选了其中两种:一种节奏欢快,来自格拉纳达的平原地区;另一种曲调哀婉,来自山区。歌曲的开头和结尾,我用的都是平原的版本。"

金色杨树的平原

"首先搬上舞台的还有另一首歌,充满美与忧伤的《卡斯蒂利亚秋歌》。它是布尔戈斯的民歌,歌如其地,属于金色杨树的平原。

高高的树儿
清风把它们带走
相爱的人儿

思绪把他们带走

"你们说,这难道不是很美吗?还要什么别的诗歌呢?在这种农民们'创作'的优秀诗歌面前,我们大可闭口不谈我们创作的所谓的诗。"

"但是,它的形式很文雅……"

"它确实有个文雅的起源,虽然已不可考。但是,我也跟你们说过了,歌曲是活的。这首歌就活在人民的口中,人民润饰它,完成它,精炼它,最后成就了我们今天听到的佳作。在布尔戈斯,唱这首歌的都是农民,连一个公子哥儿也没有!城市的房屋里不会唱这种歌……"

阿尔拜辛的圣诞节

"《四个骡夫》这首歌呢?"

"这首是阿尔拜辛区圣诞节的传统歌曲,只在寒冷时节的这一天歌唱。它是一首异教的圣诞谣,民众唱的圣诞谣基本全是异教的。正教的圣诞谣只会在教堂里听到,要么就是保姆唱来哄孩子入睡。这首异教圣诞谣很有意思,展现了安达卢西亚地区圣诞节狂欢的一面。民间歌谣就是会带来这样的惊喜。有些歌情感深沉,还有深刻的社会内涵。比如说这一首:

 佣工在田里
 披星戴月
 地主们却是
 锦衣玉食

"另一首很激进,正符合安达卢西亚的气质,可以做成近日民变[1]的传单、宣言和军旗:

 我多想给

---

[1] 1933年1月11日,在加的斯的卡萨斯维耶哈斯(Casas Viejas),农民们宣布支持无政府共产主义。起义很快遭到了血腥的镇压。

土豆饼翻个面：

穷光蛋吃面包

富人们去吃屎

"我今天带来的这些歌谣没有这么尖酸，相信大家会喜欢。在歌曲本身的美感之外，洛拉·门布里韦斯身边的这些艺术家又为它们更添风采。我对他们的印象非常好，与他们相处，就像回到了我指导的学生实验剧团'茅屋'的伙伴们身边。他们顺从听话，热情高涨，于是排演这些预备登台的剧目也成了一种享受。"

丰塔纳尔斯负责布景

"曼努埃尔·丰塔纳尔斯为这些歌曲制作了绝妙的布景，准备了精美的服装。你们会看到整个表演里对人体的重视，这点在戏剧中被遗忘已久。必须在舞蹈中展现身体的节庆，从脚尖到发梢，一切都由能够诠释全部内心的目光主导。那些先生在舞台上安放的角色都是面色阴沉地坐着,以手抚须,令人一见就胆寒。他们已经忘记了身体,忘记了身体的和谐与节奏。必须重估身体在表演中的意义,这就是我努力的方向。"

"您没有改编谣曲的歌词和曲调吗?"

"我完全尊重原曲。我所做的仅仅是将诗句分配给不同角色演唱,并为音乐配上和弦而已。"

《玛丽亚娜·皮内达》[1]
（1933年）

1月10日[2]，费德里科·加西亚·洛尔迦的诗剧《玛丽亚娜·皮内达》将在大道剧院首演。在这个戏剧季，这已经是洛拉·门布里韦斯表演的这位作家的第三部作品，毫无疑问，这是一个重要的标志，表明他的文学才华引起了本地观众极大的兴趣。《玛丽亚娜·皮内达》是加西亚·洛尔迦的第一部作品，他就此向我们讲述了以下内容：

---

1 本篇访谈 1933 年 12 月 29 日发表于布宜诺斯艾利斯的《国家报》（*La nación*），之后收入 M. Laffranque, «Federico García Lorca. Déclarations...», op. cit., pp. 328–331, *OC* III, pp. 586–590, y *Prosa*, pp. 490–493。
2 首演最后在 1 月 12 日举办。见加西亚·洛尔迦向大道剧院观众致谢的发言，他在其中特别感谢了阿根廷女演员洛拉·门布里韦斯。

玛丽亚娜·皮内达是我小时候最热爱的一个人物。我,还有和我年纪相同的小孩子,手牵着手围成圈,有节奏地向外拉开又往里聚拢,用在我听来接近悲剧的忧伤调子唱着:

哦!格拉纳达的悲伤一日
连石头也泪流不止
见到小玛丽亚娜不肯泄密
绞架上就义
小玛丽亚娜,坐在房里
不停地寻思:
假如佩德罗萨见到我绣着
这自由之旗

小玛丽亚娜,自由之旗,佩德罗萨,在我心里有了虚幻而神奇的轮廓,像一朵云,一场滂沱大雨,一团雾气,自内华达山飘来,将我们小小的村庄裹进棉花般的洁白寂静中。

有一天，我在母亲的陪同下到了格拉纳达，这首民谣又在我面前升起。唱歌的也是小孩子，跟我那个小村庄街上的孩子们比起来，他们的声音还要更低沉、庄严、动人心弦。我焦急地调查、询问、窥探了许多事情，最终得出结论，玛丽亚娜·皮内达是一个女子，一个奇女子，她存在的最大理由，生活的最大动力，就是对自由的热爱。

玛丽亚娜·皮内达被钉在痛苦和幸福的十字架上——神创造了痛苦和幸福这两种幻影，好给人的生活以希望——她在我眼中是一个至美的传奇般的存在，她神秘的双眼中含着难言的甜美，注视着城市里一切动静。我将那理想的形象化为实体：阿尔罕布拉宫是女英雄胸口装饰的月亮，用千种绿色绣成的平原是她的裙摆，山上的雪是她洁白的衬裙，蓝天下雪山的锯齿轮廓是铜色大蜡烛金焰下织成的花边。

我模仿那些我焦渴地阅读的黄金世纪作家笔下的人物，为玛丽亚娜·皮内达披上英雄的豪情热血；如果要那时的我来写，我脑子里构想的玛丽亚娜·皮内达会披挂如将军，以长矛杀敌，歼灭一切不肯将热爱自由视作生命中头等大事的人。

在我的想象中，玛丽亚娜·皮内达频频披挂铁甲现身，周身环绕高调的十一音节诗、离合诗与八行诗，但我的心轻轻对我说："不是那样。"玛丽亚娜手握两样武器，爱与自由，不是为了战胜对手，而是为了死在绞架上。这两样武器也是两把匕首，长久地刺在她自己的心里。

但我也告诉自己，要创造出这位传奇人物，必须杜撰历史。历史是无可辩驳的事实，留给想象的没有别的出路，唯有给历史穿戴诗意的言语，在静默和景物中注入感情。

我意识到了我加诸己身的义务，为格拉纳达这座啼啭清水之城献上柔情与敬意的义务，于是我开始加工这首孩子们在街上用纯净低沉的声音歌唱的民谣，最后将它变成百叶窗和铁栅背后令我落泪的祷告音调：

哦！格拉纳达的悲伤一日

连石头也泪流不止。

　　我尽可能贴近史实，在其中灌注情感，再覆上来自孩子和修女、来自修道院的静默的柔美诗歌。那些追求爱与自由的19世纪浪漫绅士强健阳刚的诗歌，讲述托里霍斯之死的诗歌，与那描绘旧隆达（Ronda la Vieja）的斗牛表演、长毛的公牛和蓄络腮胡的斗牛士的诗歌大不相同。密谋者和情人，自由的空气和压迫的铁环。而这位可敬的女人超越一切，一只爱的翅膀折断了，有另一只自由的翅膀也足矣，她仍能征服空间，以永恒的荣光加冕。

　　我尝试让玛丽亚娜·皮内达这位深深扎根于西班牙的女子朝着爱与自由唱出她生命的篇章，赋予它这两种伟大情感的普世性。因此，我的女主角在作品最后用来自远方的声音高唱：

　　我是自由，因为爱这样要求，

佩德罗，你为这自由把我丢。

我是那遭人伤害的自由。

爱，爱呀，爱，孤寂至永久。

《玛丽亚娜·皮内达》尽管不是我的第一部作品，但的确是我最早的作品之一，面对它，我仍怀有新婚般的心情。我是1923年写的这部剧[1]。

大多数马德里的评论家都盛赞《玛丽亚娜·皮内达》的文学价值和舞台价值，赞美之热烈令我惊异：他们普遍认为，这部剧标志着一位剧作家不需

---

[1] 在致梅尔乔·费尔南德斯·阿尔马格罗的一封相当出彩的信中（1923年9月上旬），可以看出这部剧作的构思已臻成熟。它以讲述了玛丽亚娜传奇故事的"色彩缤纷的悲剧谣曲"为蓝本。戏剧表演是对作者回忆的风格化（"我想写一部宗教游行般的戏剧……叙事简单、神圣……像盲人举着的那种牌子，但更具风格"），这回忆决定了女主角的性格（"根据谣曲和极少的相关史料来看，她是一个激情洋溢至极点的女人，'一个着了魔的女人'，在极端政治化的环境中，她是安达卢西亚女人中一位伟大的爱的楷模……"），决定了剧情（"当其他人都为自由着迷的时候，她为了爱向爱献身。她成了自由的殉道者，但其实，她是她那颗爱得发狂的心的受害者。她是一个没有罗密欧的朱丽叶，比起颂歌更接近情歌"），也决定了结局（"当她决定了要死，她就已经死了。她在死亡面前毫不畏惧"）。见 *Epistolario completo*, op. cit., p. 208。剧本正式的写作应该是在1925年1月完成的。

要等到将来,而是现在就已经为戏剧贡献了一种新的技艺,在尊重史实的同时,还让真正的诗歌之河在角色身上,也在周遭的环境里自如无歇地流淌;情感的强力不仅在《玛丽亚娜·皮内达》的悲剧音调中有所呈现,而且,在修女们与走向断头台的玛丽亚娜告别时温柔又悲痛的台词里更是格外突出。有关《玛丽亚娜·皮内达》的评价里,这条最叫我满意,因为我真诚地相信,戏剧不是,也不能是别的,必须是台词、动作和表情里的情感与诗意。

有人断言,我是一位很适合洛拉·门布里韦斯的作家,而这位伟大的艺术家也是一位很适合我的演员。这话可能说得很对。《血婚》里的母亲,还有《了不起的鞋匠婆》里的鞋匠婆,这两个角色,再加上最重要的一点——洛拉·门布里韦斯研究、创造我的角色时那种极度敏锐的理解力,那种一贯激昂、有时伤痛的感情——都叫我觉得我俩的确天造地设。

虽然离首演还有些时日,但洛拉·门布里韦

斯已经变成了玛丽亚娜·皮内达：也就是说，她已经成了这位神奇的人物，成了剧中所有的角色，成为戏剧的浪漫氛围本身；她全情投入排演、布景、服装、灯光（噢，伟大的丰塔纳尔斯）等成堆的事务，激动地感受新的创造的不安；她大大的眼睛正是我幻想中玛丽亚娜·皮内达注视格拉纳达一切动静的眼睛，从她的眼中，我们能猜出她下了多少苦工，做了多少努力，而心灵又是多么愉悦。她演活了这个角色，注入了如此丰富的情感，以至于能拨动观众的心弦，叫他们肝肠寸断。

《玛丽亚娜·皮内达》或许会是洛拉·门布里韦斯演员生涯里最大的成功，也证实了她作为舞台导演的非凡才能。我想，这部戏剧的首演也会是她剧团的所有表演里最成功的一次。

《耶尔玛》[1]

（1934年）

    洛尔迦，加西亚·洛尔迦，费德里科·加西亚·洛尔迦。在激荡所有情感的河流中，他是河口的三角洲，用诗歌的蓝色三角形割开水沫的吐息。诗歌：心脏：人性的敏感之处，在神圣背后，奔流于神启的美中，被落日的热血染红。……洛尔迦！加西亚·洛尔迦！"哎，费德里科·加西亚·洛尔迦！"（坎波里奥这样说。）你的名字响着你谣曲诗行的铃铛声。你在卡斯蒂利亚——很新的，但并非全部的卡斯蒂利亚[2]——冰冷的夜里裹住你安达卢

---

[1] 本篇访谈1934年12月26日发表于《马德里先驱报》，之后收入 C. Maurer, «Five uncollected...», op. cit., *OC* III. pp. 616–618, y *Prosa*, pp. 547–549。

[2] 此处可能指新卡斯蒂利亚（Castilla la Nueva）地区，历史上包括马德里、托莱多、瓜达拉哈拉、昆卡、雷阿尔城等省份。——译注

西亚的寒冷,你裹的那条颜色鲜艳的毯子上垂下断续调的流苏和孤调的缨子。你的举止——你引以为豪!——有着弗拉门戈大师那种夸张的气质;弗拉门戈,此处取的是它最深、最激昂、最具民族性的意义,它是西班牙民族的中枢神经,是伊比利亚感性地图上明朗的大笑。登上你的塔楼吧,费德里科·加西亚·洛尔迦,用你风向标般的手指出安达卢西亚的红蓝点。尽管你的王国如今已在跨大西洋旅行中扩张到世界各地,但它仍在那里,在西班牙的南部,在安达卢西亚低地和安达卢西亚高地,在满载历史、洋溢激情的安达卢西亚,它从塔里法角深情而怀念地眺望非洲,披上内华达山脉的优雅裙摆,在科尔多瓦的麦田间留下它庄重沉默的神色,抵达全无烦恼、言语欢悦的塞维利亚,在布莱里亚舞燃烧的虞美人中绽放。

你精神的王国就在那儿,安达卢西亚的酋长呀!

今夜我挽着佩雷斯·费雷罗(Pérez Ferrero)

同志的胳膊——他是你作品的优秀传人，加西亚·洛尔迦！——在冬日的寒战和桑邦巴[1]的哼鸣之间寻找你。两者都没有令我停下脚步，我走向你，最终在地下室里找到了你。地下室里弥漫着亲切的烟雾，到处都搁着柔情的啤酒，你每天都在这儿欢度慷慨友谊的时光。

在你周围，感情和智慧挤作美妙的一团。不少人簇拥在你身周：伟大的科塔波斯，只带着他伟大的交响诗篇环游世界，总有一天这诗篇会令他装长袍的衣箱满载荣耀。巴勃罗·聂鲁达，创作了《二十首情诗和一首绝望的歌》的诗人，那双总在可悲的人性戏剧前眯起的眼睛，正在地平线不确定的一点上寻找着神圣的闪烁，随后他匆匆饮下最后一口啤酒；伊萨亚斯·卡韦松（Isaías Cabezón），二十年来一直在美洲展露他绘画的才华；路易斯·拉卡萨（Luis Lacasa）、爱德华多·乌加特、阿尔贝托、

---

[1] 桑邦巴（zambomba）是一种摩擦鼓，形状类似鼓，但中央穿过一根棍子或绳子，通过摩擦带动鼓上的膜发声。——译注

卡尔萨达、拉蓬、罗密欧，还有发誓自己永远二十八岁的德利娅，她正为她的安菲斯托拉戏剧俱乐部殚精竭虑，这个俱乐部是一本永远无需更新的护照，因为它永远不会失效。还有——我都忘了！——阿莫罗斯，一位谈起桑契斯·梅希亚思就激动万分的勇敢斗牛士。桑契斯·梅希亚思，每个人都在心中为他哀悼。[1] 那儿，在所有人中间，我找到了你，加西亚·洛尔迦。我在你身边坐下，好让你和我谈一谈《耶尔玛》。你对我说：

《耶尔玛》有着经典悲剧的躯体，被我用现代

---

[1] 文中聚会在"乐鲸"（La Ballena Alegre）咖啡厅举行，到场的有米格尔·佩雷斯·费列罗（Miguel Pérez Ferrero）、画家伊萨亚斯·卡韦松、阿卡里奥·科塔波斯（Acario Cotapos）、巴勃罗·聂鲁达、德利娅·德尔·卡里尔（Delia del Carril）、建筑师路易斯·拉卡萨、爱德华多·乌加特、雕塑家阿尔托·桑切斯（Alberto Sánchez）、阿图罗·萨恩斯·德·拉卡尔萨达（Arturo Sáenz de la Calzada）、"茅屋"剧团的拉法埃尔·罗德里格斯·拉蓬（Rafael Rodríguez Rapún）和奥雷利奥·罗密欧（Aurelio Romeo），还有斗牛士佩佩·阿莫罗斯（Pepe Amorós）。《耶尔玛》1934年12月29日由玛加丽塔·希尔古的剧团首演。伊涅修·桑契斯·梅希亚思在曼萨纳雷斯（Manzanares）的斗牛场被刺伤，于1934年8月11日去世。

的衣衫装扮。它首先是一个本应丰饶，却被判贫瘠的形象。一个被命运苛待，深受不育之苦的灵魂。我其实是想沿着不育的死之线索来创作丰饶的活的诗歌。就是从那儿，从荒芜与生机的对比之中，我提取出了这部作品的悲剧面貌。

戏是有三幕吗？

有六场：我必须写这么多。我认为不能给戏剧构思加上篇幅限制。这六场戏里，有三场是室内戏，戏剧性很集中，情感隐而不发，像是用造型艺术表达灵魂的苦痛；另外三场是自然布景，颜色也更天然，在悲剧的黑暗基调上装点了彩色花灯。这三场戏中没有主角参与，只有货真价实的希腊式合唱队。我在《血婚》中就尝试过使用合唱队——尽管还带着初次尝试的羞涩——将它置于新娘醒来的那一场戏中。到了《耶尔玛》，合唱队变得更重要，合唱表演也变得更加有力了。

您对您的作品满意吗?

要诚实地回答这个问题,还得等上很久。现在还太早了:我刚刚开始写戏剧,我的戏剧。《耶尔玛》是我的第四部作品。人们认为,我此前创作的某部作品是我戏剧创作的巅峰,再没有什么比这更叫我难过。我继续过着我的人生,在人生中继续创作着我的戏剧。《耶尔玛》将是三部曲的中点,起点是两年前的《血婚》,终点则将是《罗得的女儿们》。之后……

玛加丽塔·希尔古……

玛加丽塔·希尔古是一位非凡的天才。她在一场场战役中展露表演的雄心,她的天才超越了我们当今乏味的戏剧。她怀着真挚的情感和对艺术的狂热接纳我的作品,在近乎宗教仪式的排练中,每天都以母亲般的柔情关照着舞台表演最琐碎的细节。每天下午,在舞台寒冷的幽暗中,玛加丽塔的天才演技都会蒙上一层新的色调,令我惊异。那是她在前夜的不眠中安静钻研的成果……她在《耶尔玛》中的表演一定会大获成功,一向如此,这是她应得的成就。

加西亚·洛尔迦就待在那儿,在畅饮啤酒、热情中酣醉的地下室里,他每一天都在这儿欢度慷慨的友谊时光。在环绕他的感情与智慧的集合中,他就像一颗能结出无数丰硕果实的种子。

阿尔弗雷多·穆尼斯(Alfredo Muñiz)[1],1934 年

---

1 阿尔弗雷多·穆尼斯(1897—1982),人民阵线的新闻记者。

《笨贵妇》[1]
（1935年）

日期已经公布——27日，玛加丽塔·希尔古将在丽池公园表演加西亚·洛尔迦改编的《笨贵妇》(*La dama boba*)[2]，以纪念永垂青史的戏剧天才洛佩·德·维加(Lope de Vega)。

创作了《吉卜赛谣曲集》和《伊涅修·桑契斯·梅希亚思挽歌》的伟大诗人，写就了《血婚》和《耶尔玛》的杰出剧作家，现在正站在他指导的"茅屋"剧团面前。他们恰巧在桑坦德大学演出"凤凰"的戏剧。趁着剧团成员排练间歇，我们和费德里科谈了很久。我们谈了马德里上演的《笨贵

---

[1] 本篇访谈1935年8月22日发表于《马德里先驱报》。见 OC *III*, pp. 642–646, *Prosa*, pp. 575–579。

[2] 洛尔迦改编的《笨贵妇》于1935年8月27日在马德里首演。8月19日，"茅屋"剧团在桑坦德表演《羊泉村》。

妇》，玛加丽塔·希尔古的意大利之旅，还有"茅屋"剧团在全西班牙的演出。

一如既往，这篇访谈的作者对诗人说："告诉我吧，费德里科。"

于是加西亚·洛尔迦便开口说话。

《笨贵妇》，对玛加丽塔·希尔古的赞扬

首先，我必须热烈而高声地赞扬玛加丽塔·希尔古，我们西班牙剧坛堪称天才的伟大女演员。我要赞扬她不知疲倦献出至高的艺术，赞扬她拥有诸多毋庸置疑的长处。多亏了她，《笨贵妇》才能上演。一个人很难谈论他自己的工作。我得说，在布宜诺斯艾利斯上演的改编版本给了我很大的信心。这部戏在布宜诺斯艾利斯由一个阿根廷剧团演出，连续演了两百场，场场满座。而且不是那种不负责任的剧团，绝对不是，相反，它或许称得上全国最有责任心

的剧团[1]。

你是按照什么标准改编的?

按我自己的标准。你会看到的。我努力忠实于洛佩的原意。在我看来,那位令人难忘的优秀女演员,为我国剧坛带来了无尽荣耀的玛丽亚·圭雷罗(María Guerrero),在为观众表演这出戏时犯了错误。傻姑娘出场时已是聪明伶俐,后来才装起傻来。洛佩的原作并不是这样的……《笨贵妇》讲的是一个傻姑娘因爱变得聪慧,但为了得偿所愿再度痴傻——但这回是佯装的。因此洛佩才在剧中让傻姑娘拥有更多的嫁妆。她的家人因为知道她呆傻,又想要把她嫁出去,所以才给了她更多的嫁妆。重申一次,我自认严格忠实于这位天才作家的原意,而且,我认为他的原意是不可更改的。

那么你是怎么做的?

---

[1] 1934年2月,埃娃·佛朗哥(Eva Franco)的剧团首演了这部当时叫作《笨女孩》(*La niña boba*)的喜剧。见 Andrés Soria Olmedo, «De Lorca a Lope», *Anuario Lope de Vega. Texto, literatura, cultura*, XXII (2016), pp. 287–309。

我尽力为"天才中的凤凰"服务。我看待戏剧的方式构成了可以称作"个人劳动"的部分。我希望——也为此全力以赴——让玛加丽塔以莫里哀的舞台节奏表演洛佩·德·维加的《笨贵妇》。我看待角色的个人视角就体现在舞台动作的安排上。比如说,傻姑娘的傻女仆被绅士手下的男仆用手技和戏法征服:男仆从嘴里拉出一条带子,飞快地变走一方手帕,傻女仆目瞪口呆,坠入爱河。在句子和长篇独白里,我也加入了我的个人理解。另一个男仆的腔调完全就是马德里小伙的腔调。洛佩的话,就像如今我们的阿尼切斯会写出来的话。举个例子:"一位大侯爷,来把诗儿念,尼塞美滋滋,心里上了天……"洛佩·德·维加比谁都懂得深入民众的语言,他看待这个角色,或许也会像我一样。但你可得说一句,我在舞台上做的这番设计,一点也不会减损我钻研这部作品时心怀的敬意,更不会影响我对玛加丽塔·希尔古的尊重和笃信。

我听说最近为了纪念洛佩,在意大利也会演

《笨贵妇》，大体上参考你的版本。

我来给你讲讲意大利这件事。

**玛加丽塔·希尔古十一月会去
意大利……皮兰德娄热爱旅行**

是怎么一回事，费德里科？

很简单，就像他们说的那样，意大利也打算纪念洛佩·德·维加，所以要把玛加丽塔·希尔古请过去。他们会用西班牙语和意大利语表演洛佩的剧作，也会演出《耶尔玛》，同样是为了纪念洛佩。玛加丽塔会用西班牙语表演《美狄亚》和《羊泉村》。"皮兰德娄"剧团会用意大利语表演《笨贵妇》。为了这版意大利语演出，贝卡利[1]，皮兰德罗最优秀的学生之一，向我要去了我改编的版本，之

---

1 1941年，吉尔贝托·贝卡利（Gilberto Beccari）出版了一部《西班牙内战作家选》（*Scrittori di guerra spagnoli*），但只选入了国民军一方的作家。

前在布宜诺斯艾利斯，现在在马德里上演的都是这个版本。当然，玛加丽塔剧团的表演会由皮兰德娄本人操刀。我很感激他，他同玛加丽塔一道，让我的《耶尔玛》在意大利为人知晓。

西班牙纪念洛佩的活动

西班牙举办的那些纪念洛佩的活动呢，费德里科，你觉得怎么样？

有不少纪念活动办得很好，很庄重。在此就不一一列举了，万一我漏了哪个，心里会很难受的。不过，能不能让我夸一夸"茅屋"剧团的年轻人？他们怀着可敬的无私精神，此刻正在桑坦德国际大学主办的活动中纪念洛佩。我不必再赞颂主办方了，他们所做的工作有目共赏。"茅屋"剧团的年轻人，以可敬的热情与无私，在奖学金获得者大楼的小广场上表演了洛佩的作品，得到了西班牙学生和外国学生的热烈掌声。我还能说些什么呢？只能请你原谅我突然提起这些演员，爱德华多·乌加特和我在他们身上寄托了太多的期望，付出了太多的努力。

不过，"茅屋"剧团的处境不太妙啊，是不是？

似乎是的。但我也要说，"茅屋"剧团没了津贴也不会消亡，因为我希望它不要消亡。我们的生命以小时计算，说得再准确些，剧团现在正靠剩余的资源过活，因为，大家也都知道，我和乌加特一样，做事不拿一分钱；但是，就算连最基本的物资也没了，剧团也会存活下去。要是没了服装和布景，我们就穿着工装演古典戏剧。要是不让我们搭建舞台，我们就在大街上，在村庄的小广场上表演，随便哪里都行……要是这样都不许，我们就到洞穴里去表演，做地下戏剧。

费德里科·加西亚·洛尔迦大笑出声。他的笑声像孩子一般鲜活、直率。在这样的笑声中，他在各大剧院，在人满为患的大厅中功成名就，仿佛只是在玩一场游戏。伟大的费德里科啊,美洲作家海梅·托雷斯·博德特(Jaime Torres Bodet)近来对我们这样评价他:"他和奥尔特加一样,都是最为深远地影响了阿根廷的西班牙人,在那里画下了时代的分水岭。"这样的分水岭:"费德里科·加西亚·洛尔迦到来之前,以及费德里科·加西亚·洛尔迦到来之后。"

米格尔·佩雷斯·费雷罗[1],桑坦德,
1935 年 8 月

---

[1] 米格尔·佩雷斯·费雷罗(Miguel Pérez Ferrero,1905—1978 年),批评家,记者,为马查多兄弟、巴罗哈和佩雷斯·德·阿亚拉(Pérez de Ayala)写过传记。

《单身女子罗西塔》[1]

（1935年）

给我讲讲吧，费德里科，《单身女子罗西塔》说了什么？[2]

《单身女子罗西塔》讲了一位格拉纳达姑娘外表平静、内里焦枯的生活，她一点一点变成一个可笑又可叹的人物——一个西班牙的老姑娘。戏剧的每一幕都在一个不同的时代展开。第一个时代是上了浆的、浓妆艳抹的1885年。裙撑、繁复的发式、肌肤缠裹的许多羊毛与丝绸、彩色阳伞……堂娜罗西塔那时二十岁。她心中有着对世

---

[1] 本篇访谈1935年12月15日发表于马德里的《纪事报》（*Crónica*），之后收录于 M. Laffranque, «Déclarations et interviews...», op. cit., *OC* III, pp. 667–668, y *Prosa*, pp. 620–621。我们参照的就是这个版本。

[2] 《单身女子罗西塔》（*Doña Rosita la soltera*）1935年12月12日在巴塞罗那主宫（Principal Palace）首演。

界的一切期盼。第二幕发生在 1900 年。蜂腰、钟形裙、巴黎世博会、现代主义、最早的汽车……堂娜罗西塔的身体完全成熟了。如果非要说的话,她的魅力中已透出一点枯萎。第三幕:1911 年。蹒跚裙、飞机。再往前一步,就是战争。可以说,在这些灵魂与事物中,已能预感到战火将在世上造成的动乱。堂娜罗西塔在这一幕里年近半百,乳房松弛,腰胯溜圆,瞳仁里闪着遥远的光,嘴唇和毫无美感的发辫都已成灰……我在戏剧海报上写,这是合家观赏的诗歌。正是如此。多少成熟的西班牙妇人会在堂娜罗西塔身上看到自己,像照镜子一样!我希望这部喜剧从头到尾线索都很简单。我说了喜剧吗?这么说更恰当,这部戏剧讲的是西班牙的俗套,西班牙的假道学,讲的是女人们在火热的内心深处强行压抑的享乐欲望。

为什么给它取名叫《花儿的语言》(*El lenguaje*

de las flores）呢？[1]

堂娜罗西塔有一个叔叔是植物学家。他以精湛的技艺培育出了一种玫瑰，他称之为"多变的玫瑰"[2]。它清晨鲜红，正午更红，午后洁白，夜里枯萎。这朵花就像我想在《单身女子罗西塔》中呈现的主旨的象征。在整部剧里，你会听到女主角一次又一次念着这些诗，重复着戏剧的主旨：

当它在清晨绽开

红得像鲜血一样，

露水不敢触碰

害怕被它烧伤。

当它在中午怒放

---

[1] 这部作品全名为《单身女子罗西塔或花儿的语言》。——译注
[2] 何塞·莫雷诺·比利亚（José Moreno Villa）给洛尔迦看了奥古斯特·德·普龙维勒（Auguste de Pronville）的《蔷薇属种、变种和亚变种的合理命名》（*Nomenclature raisonnée des espèces, variétés et sousvariétés du genre rosier*），这本书为"多变的玫瑰"提供了灵感。（见 D. Devoto, «*Doña Rosita la soltera: estructura y fuentes*», *Bulletin Hispanique*, XXIX, 1967, pp. 424–425。）

硬得像珊瑚一样，

太阳探进玻璃

为看它的光芒。

当鸟儿在枝头

开始引吭歌唱

而下午昏晕在

海的紫香堇上，

它渐渐地苍白，

白如盐的面庞。

当黑夜温柔软款

将金属号角吹响，

漫天星辰流转

风儿一去不返，

在黑暗的边缘

它的叶子凋亡……

我的堂娜罗西塔一生尽在诗中。温和柔顺、落空无果、漫无目的、故作姿态的一生……西班牙的

堂娜罗西塔们还要这样到几时?

  费德里科·加西亚·洛尔迦一边这样说着,一边合上眼睛,如方济各修士一般,伤痛而满怀柔情。

  佩德罗·马萨(Pedro Massa),1935 年

我们时代的戏剧

来自剧院上方的光 [1]

（1934年）

父母辈的美好时代

一间学生的房间，明亮又整洁。工作台的桌面上放着一个水晶盒，里面装着六只尺寸颜色各异的蝴蝶，都是来自巴西丛林的珍贵样本。

"是我路过里约热内卢的时候，阿方索·雷耶斯给我带到港口来的。"费德里科·加西亚·洛尔迦对我说，"美极了，是不是？"

费德里科·加西亚·洛尔迦放下了上午的工作，慷慨地用对谈招待我们。桌上放着写到一半的稿纸，纸上满是神秘的删除记号和加注记号。

---

[1] 本篇访谈 1934 年 12 月 15 日发表于马德里的《太阳报》(*El sol*)，不久后于 12 月 21 日重刊在《格拉纳达捍卫者》上。

"我正在写一部倾注了我全部幻想的喜剧:《单身女子罗西塔或花儿的语言》。它是为家庭谱写的节日乐章,分成了四个花园。其中将有甜美的戏谑和仁慈的讽刺画像。它是一部资产阶级喜剧,调子柔和,融入昔日不同时代的精雅。我想,我认为,对这些年代的追忆会让观众大吃一惊。在过去,夜莺真的会婉转歌唱,花园和鲜花有着小说般的情调。我们父母年轻时的那个美好年代。裙撑的年代,然后是钟形裙的年代和'蹒跚裙'(entravée[1])的年代,1890,1900,1910。"

我感到戏剧形式之必要

"您终于热情地拥抱了戏剧,"我对这位诗人,这位吉卜赛人和南方土地的歌者说,"令人愉快的赞美随成功而来,证明您的热情得到了充分的

---

[1] 从文本第一次印刷起至今,此处都将"entrevée"错误地写作"cutroví"。

回报。"

"我拥抱戏剧,是因为我感到有必要以戏剧的形式表达。但是,我并不会因此放弃创作纯诗,尽管戏剧和诗歌中都一样有纯诗。现在的问题是我几乎不敢出版诗集。想到要为了出版而挑选我写的诗,一阵怠懒就向我袭来,叫我提不起劲。最近,格拉纳达大学要出版一本我的诗集,叫《塔马里特诗集》[1]。我想这个月内我的悲剧《耶尔玛》也能准备好登台。

"排练比正式演出提早了很多。必须进行很多次周密的排练,才能达成戏剧演出中主导的那种节奏。对我来说,这是最重要的一点。一个演员不能在一扇门后耽搁哪怕一秒。这种失误会造成很糟糕的效果,就像演奏交响乐的时候,一段旋律或者一个音效在错误的时间出现。戏剧中最难做到的就是

---

[1] 1934年,《塔马里特诗集》一度将要出版,由埃米利奥·加西亚·戈麦斯(Emilio García Gómez)作序,但后来诗人要回了手稿。这部作品直到诗人去世后才发表,刊登于《现代西班牙语杂志》(*Revista Hispánica Moderna*)。

让作品按照定好的节奏开始、发展、结束。玛加丽塔·希尔古在《耶尔玛》中的角色能展现她出众气质的全部长处。她最重视的就是达成这个节奏，和她搭戏的男女演员也一样。"

费德里科·加西亚·洛尔迦对玛加丽塔·希尔古的才能有很高的期待，相信《耶尔玛》能够因她成功。[1]

"她是非凡的女人，有着欣赏和诠释戏剧美的罕见才能，也知道到哪里去寻找美。她以无可比拟的赤诚追寻着戏剧美，完全不进行商业利益的考量。"

"没有比商业考量更俗套的了。您也看到了，您的《血婚》是真正的艺术之作，一开始，我们的戏剧界——基本上都很愚昧——会觉得它不够商业，但它大获成功，盈利无数，令西班牙和美洲的剧院爆满。"

---

[1] 对玛加丽塔·希尔古的赞扬，见洛尔迦1935年的《戏剧谈》（«Charla sobre el teatro», *OC III*, pp. 458–461, *Prosa*, pp. 254–257）。

"没错,还有一点,那些专为盈利创作的作品,很多时候最后反而达不成目的。"

法雅的教诲:"我们这些以音乐为业的人"

"对这种商业考量,"费德里科·加西亚·洛尔迦继续道,"我一点兴趣都没有。一部作品完成的时候,我只感到创造的自豪。不过,我不认为作品诞生于个人独有的才华,我觉得自己更像个碰巧生出了漂亮孩子的父亲。归根结底,这天赋是由于奇怪的偶然才降临到一个人头上的。我受教于法雅大师。他不仅是一位伟大的艺术家,更是一位圣人,我总是能以他为鉴。他经常说:'我们这些以音乐为业的人……'有一天,钢琴家旺达·兰多芙丝卡(Wanda Landowska)从大师口中听到了这种谦卑又美妙的说法,但在她听来,简直像异端邪说。有些艺术家相信,他们既然是艺术家,那么一切都有特殊的标准。'艺术家百无禁忌……'之类的话。我站在法雅这边。诗歌就像是一种天赋。我做好这一行，尽好我的义务，不必心急，因为要完成一部作品，就像给屋子封顶一样，细水长流地工作最叫人愉快。"

艺术志向和当今时代

"您觉得当今是不是最适合发展艺术和知识志向的时代？"我们问道。

"我们时代的环境很混沌，但也不至于令人觉得混沌中没有天明。我们能看到，所有人都极力要解开一个不肯松开的结。正是因此，才诞生了淹没一切的社会浪潮。在这样的情况下，艺术最多也只能屈居次位，但要是换作别的时代，艺术几乎无人问津。您看到绘画在法国的情况了。大战结束之后，各国杰出画家在法国齐聚一堂。在绘画史上，从没有过这样的时代，连意大利的文艺复兴时期都无法企及。在西班牙画派里，毕加索是头一号人物。画作的销路很好,画家的社会地位也很高……突然之间,一切都崩塌了。光芒万丈的画家们回到了各自的国家,还有一些画家死于饥饿,有些甚至自杀了……至于志向……要看有这种志向的人性格如何。对那些想要思考、感受人类最高尚理想的人来说,当今是一个再好不过的时代。但如果要创作那种常常被称作'纯粹'的与当下关切脱节的作品……这种温室里的艺术家会因为缺少温暖和关注而死。他们需要温暖,需要赞美来孵化。"

不存在所谓戏剧的衰落

"人们爱说什么就说什么,"加西亚·洛尔迦补充道,"戏剧是不会衰落的。荒谬而衰败的只是戏剧的体制。一位先生,只是因为有几百万的财产,就成了作品的审查官、戏剧的定义者,这事叫人难以忍受,真是奇耻大辱。这种暴政,就像所有暴政一样,只会导致灾祸。"

"在我们时代的各个领域都能见到这种情况，您不觉得吗？"

我的谈话对象激动地回答：

"这就是最严重的问题。'我不知道，我几乎不认识。'[1] 我还记得巴勃罗·聂鲁达的这几句诗。但是，在这个世界上，我总是，也永远会站在穷人一边。我永远都会支持那些不但一无所有，甚至不被允许享受一无所有的安宁的人。我们——我是指我们这些在所谓的小康阶层环境中接受教育的知识分子——受到召唤，要去牺牲自己。我们要同意牺牲。在这世界上斗争着的已不再是人类的力量，而是大地的力量。这斗争的结果摆在我面前的天平上：这边是你的痛苦和你的牺牲，那边是所有人都得享公正——尽管面对可以预感却难以知晓的未来，是会有些忐忑不安。我一定会用尽全力，向第

---

[1] 出自《大地上的居所》(*Residencia de la tierra*)，原文如下："我不知道，我不认识，我几乎看不见。" (Yo no sé, yo conozco poco, yo apenas veo.)

二个天平盘中捶下一拳。

我们时代的戏剧

"我的戏剧创作轨迹,"《玛丽亚娜·皮内达》的作者正回答着我的一个问题,"在我看来无比清晰。我想写完《血婚》《耶尔玛》和《罗得女儿们的戏剧》(*El drama de las hijas de Lot*)[1]三部曲。还差最后这部没有写。之后我想写些别的类型,包括当下的大众戏剧,将人们不敢触及的话题和问题搬进剧院。麻烦的是,上剧院的人不愿别人叫他们思考道德问题。此外,他们上剧院好像是不得已而为之似的。他们到得很迟,落幕前就离场,目中无人地进进出出。戏剧必须夺回权威,因为它已经丧失了权威。作者们成天逗弄观众,任凭观众对他们失去尊重。不,用不着重拾失去的权威,在化妆室

---

1 《罗得女儿们的戏剧》是《索多玛的毁灭》的另一个名字。

里建立艺术的尊严。如今只有一些老剧作家还有这样的权威。说戏剧不是文学云云，这类老生常谈必须一举驱逐干净。戏剧就是文学，不多也不少。如果不这么认为，就像是说《堂娜弗朗西斯基塔》(*Doña Francisquita*)不是音乐一样。我总盼望着上方的光、顶楼的光照亮剧场。楼上的人下到池座的那一天，一切都将解决。戏剧衰落之类的说法在我看来都是蠢话。楼上的穷人们没看过《奥赛罗》，也没看过《哈姆雷特》，有几百万人从来没有看过戏剧。啊！可是他们看到戏剧的时候，却多懂得欣赏啊！我在阿利坎特（Alicante）见过一整个村庄在观看西班牙天主教戏剧的巅峰——《人生如梦》——的表演时激动焦灼。可不能说他们感受不到。要理解这部戏剧，需要种种神学注解。可是说到感受这部戏剧，在贵妇人和在女仆那里是一样的。莫里哀把他的作品读给厨娘听，做得实在不错。当然，也有一些无可救药，就是理解不了戏剧的人。但当然了，他们是那种'有眼不能见,有耳不能听'的人。如果舞台上有个母亲卖掉了自己的女儿,他们就会大发雷霆。乌加特和洛佩斯·鲁维奥(López Rubio)的《纸牌屋》上演时就是这样。"

阿拉尔多·普拉茨(Alardo Prats),1934年

关于戏剧俱乐部的倡议 [1]
（1933年）

费德里科·加西亚·洛尔迦，我们文坛最卓越的人物之一，货真价实的诗人，优雅、不安分、博学的灵魂，这些日子正忙着给一些群众戏剧工作收尾。工作的主要目的是拯救那些排演家庭剧，更确切地说是室内剧的传统戏剧团体，将它们引向更宽广、更洁净的方向，让艺术，真正的艺术，能够行使它的规则和风格，坚持它的重心和反叛。

为了进一步了解这位吉卜赛人的诗人肩负的艰巨任务，我们有必要询问一些信息。以下是《血婚》的著名作者对我们问题的回答：

1　本篇访谈1933年4月5日发表于《太阳报》。

您愿不愿意告诉我们文化戏剧俱乐部[1]的使命是什么?

创作艺术。但要创作所有人都能企及的艺术。我们反对的主要是那些仅供娱乐的剧社,它们存在,主要是为了表演舞蹈,或者组织戏剧聚会。它们和整体而言的戏剧——如今那些无聊又烂俗、粗鄙又低劣的戏剧——一样有害;我再说一遍,这些剧社和这类戏剧都很有害,它们只不过是在自我重复。看到这个或那个剧社表演一些成色不足的短小节目,不追求高雅的表演,而好像常常只是为了让那些适婚的女孩为她们合法的野心找到目标,这是一件很恐怖的事。随便哪个雕章琢句的作家都能立即获得一批崇拜者,这些崇拜者将作家的名字当作招牌,认为他会继续保持这种矫揉造作的风格。

---

[1] 文化戏剧俱乐部由费德里科·加西亚·洛尔迦取名"安菲斯托拉"(Anfistora),主席是普拉·毛尔图亚·德·乌塞莱(Pura Maortúa de Ucelay),是女性市民文化俱乐部的一部分,玛丽亚·马丁内斯·谢拉(María Martínez Sierra)和玛丽亚·罗德里戈(María Rodrigo)都参与推动后者的创立。

作家热情地把做作的作品呈给观众，结果却相当糟糕。

那么，各位的目的是创办几个戏剧俱乐部，对吗？

正是。创办足够多的戏剧俱乐部，取代那些虚假的室内剧团。不过，是要通过争取观众来取代它们。不是要和它们争斗。我们会通过表演来取胜。

如今文化戏剧俱乐部开始表演了吗？

开始在西班牙剧院演出了。表演的两部戏，一部已经很出名，另一部之前还没有发表过。两部都是我写的，以此为典范布道。[1]《了不起的鞋匠婆》首演，女主角是希尔古，她赋予角色以节奏和色彩，名副其实地大获成功。顺便一提，现在马克斯·莱因哈特（Max Reinhardt）向我要这部剧，想

---

[1] 1933年4月5日，《了不起的鞋匠婆》和《堂佩尔林布林和贝莉莎在花园中的爱情》都在安菲斯托拉俱乐部首演。《了不起的鞋匠婆》此前已经在1930年12月24日由"蜗牛"剧团首次搬上西班牙剧院舞台，女主演是玛加丽塔·希尔古。

在西班牙办一场演出[1]。他可能会强调这部戏的滑稽剧特征。我想要把配乐也一并寄给他，活跃舞台气氛。

……?

《鞋匠婆》是一部滑稽剧。更确切地说，鞋匠婆是人类灵魂的一个诗意典范，作品中唯一重要的就是她，其他角色都为她服务，仅此而已。

但形象……

这部作品的色彩起的是装饰作用，没有在其他戏剧里面那么重要。我本来也可以把这个灵魂神话放到爱斯基摩人之间。这部戏的词语和节奏可能

---

[1] "我到柏林去没有别的理由，就是为了争取同马克斯·莱因哈特合作，一起办一场大型演出，在西班牙延续我们世界戏剧的伟大传统。马克斯·莱因哈特这位犹太人的艺术追求，从广义上来说，是天主教式的，天主教式，但不受德国精神中新长出的至恶杂草——'纳粹'帝国主义的拘束。我相信，这趟访问，还有我和马克斯·莱因哈特及他的朋友们的对话，都能大大有益于我们的舞台形式的更新。目前我们已经约好，如果有可能的话，让他明年秋天来马德里。"见 Cipriano Rivas Cherif, «El gran Reinhardt», *El Sol*, 5 de abril de 1933, p. 1. 最初的想法是在斗牛场上演毕希纳（Büchner）的《丹东之死》(*La muerte de Danton*)。但是，因为缺乏物资，计划最终未能实现。这位重要的奥地利戏剧导演后来流亡美国。

是安达卢西亚式的,但它的本质并不是。

女主角的普世特征……

当然,鞋匠婆不是一个具体的女人,而是所有的女人……所有的观众胸中都盘旋着一个鞋匠婆。

那部没有发表过的作品呢?

《堂佩尔林布林和贝莉莎在花园中的爱情》是一部大型戏剧的草图。我只用了描绘人物所必需的很少的语言。

海报上写的"室内版"的意思是?

我说"室内版",是因为之后我打算继续发展这个主题,展开它内含的复杂性。

您能举个例子说明吗?

堂佩尔林布林是这个世界上最不王八的男人。在他妻子严重的欺骗中,他沉睡的想象力复苏了,之后,他竟让世上所有女人都戴了绿帽子。堂佩尔林布林让我感兴趣的是在他身上突出抒情和粗俗之间的对比,两者时时混合在一起。这部作品由音乐支撑,就像一部室内小歌剧。所有短暂的幕间都由斯卡拉蒂[1]的小奏鸣曲连接,对话则总是被和弦和背景音乐打断。目前就是这样。之后戏剧俱乐部还会演出其他作家的作品。我们会一鼓作气。

这个计划会盈利的。

重要的是这些戏剧俱乐部开始演出,搬演那些戏剧公司不愿意接受的戏。否则的话,如果全凭现在那些爱好者组成的剧团的兴趣来决定,去看演出的观众就会在看公开演出上落后好几年。那些剧团只演过时、好演、无聊透顶的剧目。那样的话,出不了好演员,更出不了好作者。这阵子我了解到另一个戏剧社团,社长也是你们《太阳报》编辑部的,他也提出和戏剧俱乐部一样的目标。我说的是"作家和艺术联合会"。方向很正确——让有才华的

---

[1] 这场演出的节目单上写道:"这部作品的演出以五首亚历山德罗·斯卡拉蒂(Alessandro Scarlatti)的小奏鸣曲连接,由伟大的钢琴家普拉·拉戈(Pura Lago)演奏。"

年轻人有机会登台。他们现在要么是因为竞争太激烈，要么是因为那些剧社没有给他们保护，所以得不到这种机会。相信我：在这方面，西班牙国内没人做过什么努力，还得要那些从业者注意到，当今的剧作家要么耗尽了，要么消失了，必须要有新人来取代他们……

工作很多吧？

多得很。您不知道，我现在必须，也乐意参加为了戏剧俱乐部的发展而举办的无穷无尽的排练、会议、演讲。说真的，如果不是有普拉·毛尔图亚·德·乌塞莱女士可敬的帮助，不是她以无穷的热情振奋士气，我现在什么事也办不成。

这位伟大的诗人，他的安达卢西亚口音很重，毫不掩饰地把"s"读成"c"，但听来很可爱——我们在这篇访谈里没照着他的读音写，否则得用去太多的工夫——他向我们伸手握了握，便乘着他热

烈急切的言语匆匆地逃走了，人已经走出去很远，又在街道的嘈杂声里转过来对我们喊道：

得在西班牙办很多很多的戏剧俱乐部。

在莱昂[1]

（1933 年）

前　情

我们见过面……一开始，我们当然是彼此错过了。（……）不过，不提这个，我们行进的路程是在寻找一个确定的交汇点。最后，三辆写着"大学生剧团'茅屋'"[2]字样的车辆组成的三行诗，标

1　1933 年 8 月 12 日《晨报》（*La Mañana*）。
2　"茅屋"项目由西班牙语国家学生联盟支持，1931 年秋天，费尔南多·德·罗斯里奥斯从公众教育部拨款，为"茅屋"提供了必要的资助，使项目得以启动。1931 年 5 月 30 日，教育使团理事会创立，会长是路易斯·桑图亚诺（Luis Santullano），戏剧部门的部长是亚历杭德罗·卡索纳（Alejandro Casona）。1933 年 8 月 10 日，"茅屋"开始在莱昂、米耶雷斯（Mieres）、桑坦德、潘普洛纳（Pamplona）、哈卡（Jaca）、阿耶韦、韦斯卡（Huesca）、图德拉（Tudela）、埃斯特利亚（Estella）、洛格罗尼奥（Logroño）和布尔戈斯等多地巡回演出。在莱昂，剧团表演了《羊泉村》和安东尼奥·马查多的《阿尔瓦贡萨雷斯之地》（转下页）

志着我们的道路在一个男人费德里科·加西亚·洛尔迦的身上交汇。在很多村子里，人们都管他叫"把她带到河滨的那个男人"，将他变成他最脍炙人口的谣曲里的主角。我们都满心热忱，不过，听从与我们有深厚友谊的平等委员会指导，我们采取了一种慷慨而和谐的解决方式。我们一人负责访谈的一半，然后共同撰写访谈稿。

（……）周五傍晚，听说费德里科·加西亚·洛尔迦到了，我们快马加鞭——这是记者的责任——去欢迎他们。在宾馆门厅，是和乌加特共同担任（"茅屋"剧团）团长的费德里科·加西亚·洛尔迦头一个伸出手来，紧紧握住我们的手。我们刚刚抵达，还在高兴地喘着气，匆匆问了几个问题了解情况——准备在莱昂开展什么计划——又握了一次手之后，便有了一个请求和一

（接上页）（*La tierra de Alvargonzález*），由洛尔迦朗诵。（见 L. Sáenz de la Calzada, «La Barraca», Teatro universitario, Madrid, Revista de Occidente, 1976，以及 I. Gibson, *Federico García Lorca 2. De Nueva York a Fuente Grande, Barcelona*, 1987, pp. 257-258。）

个承诺。

我们能否代表《晨报》和您聊一聊这座省会城市?

乐意之至。明天午饭后怎么样?

好得很。那就明天见了?

明天见。

开启对话

我们刚从宾馆出来,正沿着宽街(Calle ancha)向下走,费德里科·加西亚·洛尔迦,这位仿佛他谣曲中的坎波里奥一般的"绿月亮的黑小伙",就坦率、诚挚地回答了我们的第一个问题。

"茅屋"剧团的小伙子们都听话吗?

哦,很听话!他们很尊重也很爱戴乌加特和我。而且,要是不听话,我们会开除他们的。

剧团人员加入之前,你们会先筛选吗?

会很严格地筛选。我们会对他们进行不同的考核,派不上用场的人就会被淘汰。

"茅屋"剧团是否也承担着在西班牙乡村普及戏剧的责任?

不。如果我们做了这件事,如果这件事做成了,那只是水到渠成而已。"茅屋"剧团是专门为了马德里,为了马德里的大学和学生创立的。你们说的这项工作是由教育使团的剧团负责,他们和我们是相互独立的组织。

西班牙诗歌

我们到了酒吧。在酒吧里,我们一边悠闲地喝着咖啡,一边继续抛出问题(……)

您对西班牙诗歌怎么看?

西班牙的青年诗人,包括阿尔贝蒂、阿莱克

桑德雷、豪尔赫·纪廉、阿尔托拉吉雷这些人，组成了一个非常大的群体。非常大。如今所有人都对他们的作品很感兴趣，竞相追求着他们不同凡响的创作。在我看来，毫无疑问，相信我，他们写的诗是世界上最好的，跟法国浪漫主义一样影响深远；只是现在还在初生阶段，还没能得到广泛的理解。

您认为艺术家的人生应该摆脱政治的疾病吗？

我百分百这么认为。在诗歌上，在戏剧上，在一切方面都该如此……艺术家应该只做艺术家，不作他想。作为诗人，作为画家，只要给出自己内心拥有的一切，就已经足够。艺术家，尤其是诗人，总是无政府主义者，只懂得倾听在他自身之中涌流的声音：三个响亮的声音：死亡的声音——连同它所有的预兆——爱的声音和艺术的声音……

在酒吧凉爽的幽暗中，加西亚·洛尔迦看起来愈发黝黑，愈发像吉卜赛人。他一边说着这些话，一边用手和目光寻找着胸口的某个位置,那三个普世的声音大概就是在那儿用全部的力量对他说话。

您觉得巴列-因克兰的诗写得怎么样?

烂透了。他的诗和散文都写得烂透了。他的"埃斯佩尔蓬托"[1]写得的确好极了,十足天才,但其他作品都糟糕透顶。作为诗人,他是伟大的鲁文·达里奥蹩脚的弟子。有一点形式,一点色彩,一点虚幻……就这么多而已。如果你们留心读的话,会发现巴列-因克兰笔下的整个加利西亚,就像金特罗兄弟笔下的安达卢西亚一样,不过是一个浮于表面的加利西亚:雾霭、狼嗥……还有啊,谁听了都会生气,他现在居然变成一个意大利法西斯主义者[2]!真该把他的胡子都扯掉。我们又多了一

---

[1] "埃斯佩尔蓬托"(Esperpento)是巴列-因克兰(Valle-Inclán)创造的一种文学体裁,特点包括对人物的矮化、物化或动物化,对现实的荒诞反映,通俗口语或者黑话的使用,等等。——译注

[2] 1933年3月起,巴列-因克兰担任罗马西班牙美术学院的院长。诗人安德里亚诺·德尔·巴列(Andriano del Valle)拜访了他,收集了一些巴列-因克兰对法西斯主义的赞赏之词。

位"阿索林"[1]！

顺带一问，您对阿索林怎么看？

提都别跟我提他。反复无常成那样，真该上绞架。歌颂卡斯蒂利亚的作品也写得干瘪，很干瘪。我昨天来的时候穿过坎波斯地区（Tierra de Campos），我确信，阿索林写过的所有散文，连这片独特土地的一把泥土都没有抓到。阿索林的卡斯蒂利亚与马查多和乌纳穆诺的卡斯蒂利亚简直是天差地别！天差地别啊！

我们心里翻腾着一个问题，于是便问了出来，我们猜到会得到尖锐的回答，但当然还是比不上这位《血婚》的作者坚信不疑地射击出的一句重话。

您对如今的西班牙戏剧大体上是怎么看的？

猪猡写给猪猡看的戏剧。真的，就是一种猪

---

[1] 此处讽刺阿索林（Azorín）政治倾向转向右翼。——译注

猡为猪猡创作的戏剧。

这回答太严厉,太伤人了,我们不敢再在这个话题上纠缠,努力绕去别的问题。

您的《血婚》已经有翻译了吗?

已经有了。下个戏剧季,《血婚》会在一些国外的剧院上演:纽约、伦敦、巴黎、柏林,还有华沙。

您追求创作怎样的戏剧?

大众的戏剧。永远都是大众的戏剧:精神和风格上流着贵族的血,但总是用大众艺术的汁液来滋养和调味。所以,如果继续创作的话,我希望我能够影响欧洲的戏剧。

更多的问题,我们还想问更多的问题——我们像埃拉伽巴路斯(Heliogábalos)一样贪婪,想要知道更多——问这位创作了《玛丽亚娜·皮内达》的剧作家,这位顶尖的诗人,这位在西班牙诗坛甫一亮相就仿佛被奉为神明的非凡诗人,这位比任何人都懂得用独一无二的高贵和最为诱人的形象来装点民谣精髓的优秀诗人。但他还得去彩排,我们不得不就此打住。

被毁坏的莱昂

不过,在去剧院的路上,我们还是像钓鱼一样向诗人投下鱼饵,希望捕获他必要的意见。

您以前来过莱昂吗?

来过。18岁那年我和我的老师来过,当时我看到了一整个古老的莱昂,我最爱的还是那个莱昂。现在我发现莱昂在发展的过程中有点被毁掉了。没有一个非常艺术的标准来主导它的变革。

对我们的大教堂,您有些什么看法?

在大教堂面前,我不知说些什么……沉默就是最好的回答。就算是一字半句也会亵渎它的光芒、它的诗意、它那镶嵌玻璃的墙壁与穹顶的伟大气质。今早我在大教堂里待了一整个上午,坐在一把矮椅子上,像一个坠入幻觉的修女,沐浴在构成整个大教堂的那种热望之中。因此,我没法去注意细节,我已经彻底被它的崇高吞没。

加西亚·洛尔迦,这位新晋的诗人,活力与色彩的诗人,这时眯起眼睛,望向高处,他的眼睛像是卡斯蒂利亚高塔上的风向标,或是我们的"美人"大教堂上的两根细针(……)这位文艺复兴诗人懂得在现代创造和感受具有古典色彩的谣曲,他那坎波里奥的高贵身躯裹着一套机械师的蓝色工装,继续踏上行遍天下的文化旅人的路途,肩负着他名字的沉重荣耀,伴随着"茅屋"剧团与日俱增的成功。

访"茅屋"剧团团长

(1933年)

"茅屋"剧团的未来?

我最关心的正是如何保证这个剧团延续下去。我都不知道它怎么就叫了"茅屋"这个名字。最开始我们是想在马德里搭一间茅屋,在里面表演戏剧,后来就一直管剧团叫"茅屋"了。到后来,我们慢慢喜欢上了这个名字。我们有补贴,我又向来很有干劲,甚至因此做出不道德的行为,比如当团长却不拿工资,跟我的同伴爱德华多·乌加特一样。我们的理想是西班牙能涌现许多大学生剧团,组成别的"茅屋"。所以,我努力激发学生们对戏剧的兴趣。而戏剧需要从集体的努力中汲取养分。为了达成这一目标,我在我的剧团里带着几个小伙子,争取把他们培养成剧场导演。一个剧团要存在，首先要有一位好导演。

你们觉得氛围怎样？

氛围很好，非常好。好得不得了。我们最开始的打算是只在大学内开展活动，后来又去了乡下，我们在乡下得到的热情和理解跟在城里一样多——说不定还要更多。一切都很好，就是有些卑鄙的指责，那些人想从我们的剧团看出什么政治目的来。[1] 不，跟政治一点不沾边。就是戏剧而已，和别的都无关。

我还记得在阿尔马桑（Almazán）体会了我人生中最心潮澎湃的一幕。我们在露天表演《人生如

---

1 "茅屋"剧团在索里亚第一次演出时，《人生如梦》的演出遭到右翼分子闹事抵制。右翼报纸则从一开始就抓住"茅屋"剧团同大学学校联盟（FUE）的关系，指责剧团意在颠覆煽动。达马索·阿隆索（Dámaso Alonso）曾提起过下文中这场 1932 年 7 月 16 日在阿尔玛桑举办的《人生如梦》的演出。诗人本人对观众的发言也保存了下来。"茅屋"剧团 1933 年 8 月 15 日、17 日、18 日都在桑坦德。

梦》这部圣礼剧[1]，结果下起雨来。只听见雨落在舞台上的声音、卡尔德隆（Calderón）的诗句、伴奏的音乐，农民们都大为感动。

演出剧目的特点？

有人问为什么我们不演一些现代作品。原因很简单，西班牙基本不存在现代戏剧，搬上舞台的那些都是为了政治宣传，质量很差，只是因为有优秀的导演，它们才被赋予了生命。我们的现代戏剧——现代而且古老，也就是说，是永恒的，就像大海一样——是卡尔德隆和塞万提斯的戏剧，洛佩和希尔·比森特（Gil Vicente）的戏剧。要是连《神奇的魔术师》(*El mágico prodigioso*)，还有很多别的佳作都没搬上舞台，我们怎么能谈什么现代戏剧？

---

[1] 圣礼剧（auto sacramental）是一种盛行于 16 世纪至 18 世纪的宗教剧，在每年的圣体圣血节上演。——译注

戏剧朗诵的意义？

人们对古典戏剧朗诵缺乏了解。我们只听过作家对演员的称赞。我们朗诵得很慢，尽力完整地保留每一句的重要性，如果台词需要，我们会非常着重地去读。最近我们遇上一个问题，朗诵的文本没有标点符号，缺少能够表明每一处停顿的重要性和意义的符号。韵文的停顿和散文的停顿很不一样。我们衡量、计算每一次停顿的长度，以此在舞台上创造和谐的、非凡的沉默。倾听我们朗诵的农民或许领会不了一般人能察觉的卡尔德隆思想中的象征主义，但是他看得见，他完全能凭直觉感受到卡尔德隆诗句的魔力。

舞台布景？

我们没什么条件，只能搭一个简单朴素的布景，品位当然不差，只是表达手段局限了些。这不是艺术戏剧。对考古，我不感兴趣。我们如果要做古代布景，一定做得很刻意、很风格化。假如有钱的话，我很想做同一部作品的不同版本：一个古代，一个现代，一个奢华，一个极简。但我们没钱，就继续带着我们的舞台走过西班牙的田野和城市吧。

恩里克·莫雷诺·巴埃斯
（Enrique Moreno Báez），1933 年

谈"茅屋"[1]
（1933年）

"在新西班牙，"西班牙诗人加西亚·洛尔迦同我们谈起"茅屋"剧团的宗旨，"剧团将在最贫穷的村庄普及杰出的戏剧作品，以美育人。"

我们在学生公寓——位于马德里最重要、最

---

1 多亏学生公寓档案中心的档案员阿尔弗雷多·巴尔韦德的帮助——我受益于他的慷慨，在此重申真挚的谢意——我们又翻译并加入了一篇迄今无人知晓的访谈。

1933年11月8日，这篇访谈发表在文化报《喜剧》（*Comoedia*）的国际版上。《喜剧》于1907年创办，创办者是环法自行车赛的创始人亨利·德格朗日。这份报纸在1907年至1914年，以及1919年至1937年间作为日报发行，1941年至1944年间作为周报发行。自1924年起，安德烈·兰担任该报主编。乔治·洛朗-布里耶纳——我只知道他的名字，没有找到更多信息——为以下这篇报道兼访谈起名："在新西班牙——西班牙诗人加西亚·洛尔迦同我们谈起'茅屋'剧团的宗旨——剧团将在最贫穷的村庄普及杰出的戏剧作品，以美育人。"

作者在此开了个小玩笑，真正为他这篇文章提供土壤的是第二共和国时期的新西班牙。他受学生公寓领导之邀来访，为当年的时代风貌做了一番精确的描绘。不过，他在内容和形式（转下页）

通风的街区——吃了顿午饭,虽然简单,但氛围很欢快。

我们坐在景色洁净明亮的门廊里,陷在舒适的柳条椅中,享受着凉爽清澈的马德里夜晚。从学生公寓温馨的小花园里,飘来树木的芬芳,慷慨地漫进打开的玻璃窗。

那儿有一打年轻人,肤色黝黑,目光明亮,做着单纯又精确的手势,西班牙人特有的用来加强语气的灵巧手势。这里的人或许会觉得他们的服装很稀奇:我的这些同伴都穿着机械师的蓝色工装。至

(接上页)上有些信息偏差,以为费德里科曾在蒙帕纳斯待过(1924年至1927年间,常常光临左岸、圆顶餐厅和精英咖啡馆的那位加西亚·洛尔迦是他的弟弟弗朗西斯科),还以为有一种牌戏叫"茅屋"(他想的也许是"布里斯卡")。真正给洛朗-布里耶纳(这名字里或许有贵族的遗响)留下深刻印象的是"茅屋"剧团成员身上蓝色工装的象征力量,与剧团排练的学生公寓的庄严肃穆形成了鲜明的对比。

这对谈是什么时候的事?是剧团某次前往布尔戈斯演出的前夜。在这篇文章里提到了莱尔马(Lerma),但没有最终确认。我们知道1933年"茅屋"剧团在布尔戈斯主剧院演出,表演了洛佩·德·维加的《羊泉村》,胡安·德尔·恩西纳的《普拉西多和维多利亚诺的牧歌》(*Égloga de Plácido y Victoriano*),还有《谣曲节庆》(*Fiesta del Romance*)。对谈或许就是那时候的事。

少我看了很是惊奇。

那天下午，我去找学生公寓的领导希梅内斯·弗劳德（Jiménez Fraud）先生，急于了解西班牙助益知识分子的举措。我们聊了一会儿，他问我想不想见见加西亚·洛尔迦，崭露头角的年轻诗人，名副其实地承载着西班牙新世代的希望。我高兴地答应了；其实，我听别人提起过，加西亚·洛尔迦时不时到蒙帕纳斯来，但我没能见到他，因为尽管加西亚·洛尔迦青春年少、才华横溢、胸怀大志，却偏偏讨厌抛头露面、引人注意，总是尽力躲藏。

希梅内斯·弗劳德先生打电话问加西亚·洛尔迦在不在学生公寓。我没听见对面答复。很快，就有一位又高又壮的年轻人走进办公室，他长着一头煤玉般的茂盛黑发，神色朝气蓬勃，双眼漆黑又炽热，一身海蓝色的工装。

"这位就是我刚刚和你提起过的加西亚·洛尔迦先生。"希梅内斯·弗劳德先生挂着迷人的微笑对我说道。

我的惊讶显然溢于言表——我隐约看到,我的东道主们正忍俊不禁。是啊,我们就是这样的!尽管并非我们所愿,但有些想法根深蒂固,我们很难摆脱:我也不想,但一位洋溢运动气息、穿着蓝色工装的诗人还是叫我傻了眼……

加西亚·洛尔迦邀请我当晚留下来和他,还有他在学生公寓的朋友们一起吃晚饭。

当时当地,气氛十分亲切,于是我问出一个不吐不快的问题:"您和您的朋友们为什么都穿着蓝色工装?这里应该不用穿制服吧?"

"不,不,这是'茅屋'的制服。"

我没听懂。"茅屋",就我所知,可以指农民的房屋,也可以指一种纸牌游戏。我没弄懂这和对话有什么关系,便请他替我解释解释。

"您不知道'茅屋'流动剧团吗?"加西亚·洛尔迦很吃惊。

我坦承我很无知。于是他向我解释:

"您看我们衣服上的图案，是一个轮子和一个面具的组合。这是'茅屋'的标志。'茅屋'是一个由公共教育部创建并资助的机构，目标是为公众表演西班牙古典戏剧，特别是塞万提斯、卡尔德隆和洛佩·德·维加的戏剧。

"表演者都是大学生，这个推动戏剧通俗化的剧团是一个大学生剧团。他们追求的并不是艺术。不要忘了，他们首先是教育者，他们扮演角色，主要是为了教育的。

"这些年轻人受过教育，很了解这些古典戏剧。他们仔细研究过剧目，知道哪些段落最具代表性，于是便重点突出这些段落，以吸引观众。观众遍及各个阶级、各行各业，因为表演是在露天，在公共的广场上举办。

"演出面向所有观众，大人和孩子都可以来看，但最主要的还是面向工人，面向那些没有时间放下工作去受教育、去娱乐的人，那些从没上过学的人。所以，我们每次去那些人多的村庄，都会为工人和贫农留出最好的位子。"

"我们哪里都去。"加西亚·洛尔迦继续道，"去城市，也去那些最贫穷、最偏僻的乡村，好让那里的居民也能浅尝此前只有大城市才能享受的乐趣。我们常常穿越许多公里的荒野，最后抵达一个村民无知得难以想象的村落。"

"但是，没受过教育的人，应该很难领会这些古典戏剧吧……"

"我们并不是要他们领会，"加西亚·洛尔迦打断我，"我们想做的是将美展示给他们看，让他们懂得欣赏美。毫无疑问，就算是最原始的生命，也能感觉到美，他缺乏的只是事后将那种感觉表达出来的能力。如果让他知道，这种表达是可能的，那么，通过耐心的美育，也可以培养起他受教育的愿望。如果您愿意的话，也可以说这是一种训练——虽然这个词有些重了。我们所做的有点像给一个小孩读一本很美的书，读到一半对他说：'等你学会阅读以后，就能知道这个精彩故事的结局了。'当然了,立竿见影是不可能的。我们做的是长期的工作。"

我看起来或许仍有些疑虑,因为他对我说:"您如果想自己看个分明,可以明天过来和'茅屋'剧团同行。我们要在布尔戈斯附近的莱尔马演出,可以带上您。"

于是,我就跟上了这个流动的学生剧团。

乔治·洛朗–布里耶纳

(Georges Lorant-Brienne),1933 年

为了人民的戏剧 [1]
（1934年）

……西班牙有"茅屋"剧团，加西亚·洛尔迦向我提起过很多次，他热情似火，仿佛灼烤格拉纳达土地的太阳。他对我说：

"茅屋"是我全部的作品，是我的兴趣所在，比我的文学作品还要更令我期待。许多次，为了"茅屋"剧团，我撇下一行诗、一部未完成的作品——其中也包括《耶尔玛》，要不是我中途出发，和"我的剧团"一起踏遍西班牙大地，我早就写完它了。我说是我的剧团，虽然领导者不止我一个人，还有爱德华多·乌加特。他和洛佩斯·鲁维

1　本篇访谈1934年1月28日发表于布宜诺斯艾利斯的《国家报》。

奥合作,创作了《一夜之间》这部美丽的作品,在戏剧比赛里拿了奖。[1] 不过,实际上指挥的还是我,乌加特负责为我把关。做事的都是我,他在旁监督一切,告诉我做得好不好。我总是会听他的意见,因为我知道他说得对。他是那种每个艺术家都该带在身边的批评家。"茅屋"是项伟大的事业,近乎独一无二。它是一个大学生剧团。虽然在牛津大学、剑桥大学、哥伦比亚大学、耶鲁大学都有类似的剧团——我想在德国应该也有,法国和别的国家我是没听说过[2]——但我还是说"茅屋"近乎独一无二,不仅仅因为剧团表演质量高,也因为成员们全都满怀热忱、兴致勃勃、纪律严明、团结互助,为艺术灵感所激励。舞台布景这方面,我得到了巴黎画派最杰出的西班牙画家们的帮助,他们在

---

[1] 洛尔迦为洛佩斯·鲁维奥和乌加特写过一篇"介绍",由辉煌(Splendid)广播电台于 1933 年 12 月 7 日播出。见 *Prosa*, p. 231。

[2] 据 M. 拉弗朗克回忆,次年洛尔迦在国际大学见到了索邦大学的西奥菲勒斯剧团(Les Théophiliens)。

毕加索身边学到了绘画最现代的语言。[1] 表演者都是马德里大学的学生，通过难度逐渐提高的一系列测试遴选出来。[2] 我们先叫来有志于艺术的申请者参加第一场测试，让他们读一段散文或一段诗。淘汰掉那些显然没有才能的人之后，留下来的人进入第二场测试，内容是背出他们先前挑选的诗歌或散文。第二轮淘汰掉那些没有展露天资的人，那些或许有天赋的则进入第三轮测试，每人在一部作品里挑一个最喜欢的人物来表演。再之后，我们会让他们每个人把一部作品里的所有角色都演一遍。这一轮选拔结束，名单就确定了，我们把通过的人登记到剧团的名册上。我们剧团的名册很有意思，里边

---

1 其中一个例子是曼努埃尔·安赫雷斯·奥尔蒂斯（Manuel Ángeles Ortiz），他为《奇迹木偶戏》（*El retablo de las maravillas*）设计了布景和服装（见 Luis Sáenz de la Calzada, *La Barraca teatro universitario, seguido de Federico García Lorca y sus canciones para La Barraca en transcripción musical de Ángel Barja,* ed. Revisada y anotada por Jorge de Persia, Madrid, Publicaciones de la Residencia de Estudiantes-Fundación Sierra Pambley, 1998, p. 87）。

2 有一些对未来演员的评价留存下来（"丽塔·玛丽亚·特罗亚诺。声音悦耳。聪明。朗诵动听。"见 *Prosa*, p. 321）。

登记了一百多个表演者,按照他们的类型登记,如果演出里有相符的角色,我们就把表演者叫来。于是,每个名字旁边都写了注释:"年轻小伙""引诱者""危险的女人""甜美的女友""不幸的男人""背叛者""无赖""怪物"。

多亏了先前所做的一切工作,我们才能把那些非凡的演出搬上舞台,得到西班牙最出名、最严苛的评论家们的认可。一年半以来,我们辛勤工作,将八部塞万提斯的幕间剧、几部洛佩·德·鲁埃达的作品、洛佩·德·维加的《羊泉村》、卡尔德隆的《人生如梦》(完全遵照作者对演出的期望)、蒂尔索(Tirso)的《塞维利亚的嘲弄者》(*El burlador de Sevilla*),还有别的一些剧作统统搬上舞台。我们的演出原汁原味地呈现了我们的古典戏剧,是最忠实、最鲜活的一版。令人称奇的是,在西班牙那些看似最落后的村庄里,人们在听我们表演的时候都聚精会神,发自内心地高兴,倘若有人弄出哪怕最轻微的响动,叫他们听不清哪怕一个词,也准会被他们揍一顿。只有一类观众是一定对我们不感兴趣的:轻浮又拜物的中产阶级、小资阶级。我们的观众,真正能领会戏剧艺术的那些人,集中在两个极端:一边是文化人,他们要么上了大学,要么自己接受了智识或艺术的教育;另一边是人民群众,最贫穷、最粗朴、未受玷污、未经开垦的人民,像一片丰饶的土地,为痛苦所摇撼,为优美的语言所震动。我们的活动有补贴,很丰厚的补贴,这点不假,但补贴没用来付任何人的工资,没让谁挣上一分钱,全用来供我们不计成本地举办演出了。这份补贴也是我急着回去的最大原因:我生怕换了政府,就不给我们发钱了。[1] 不过,仔细想想,大概也不会出这种事。毕竟,不论政治派别如何,有哪个政府会不明白我们的古典戏剧,我们最高的荣光,有多么庄严、多么伟大?有哪个政府会

---

[1] 1933 年 11 月 19 日,右翼党派在选举中获胜。洛尔迦对补贴削减的担心确实成了真,而且,到了第二年,补贴整个都被取消了。

不知道古典戏剧是提高西班牙全体人民、全体居民文化水平的最有效手段?

  O. 拉米雷斯（O. Ramírez），1934 年

当今戏剧六问 [1]
（1935年）

在这个马德里四月透明湛蓝的清晨，记者和摄影师沿着阿尔卡拉大街向上走。很难接近加西亚·洛尔迦，尽管这并非他的本意。这就是时间不属于自己的人的悲剧所在（这儿有个会要开，那儿有个宴要赴……），要采访他，就得早早抓住他。摄影师萨帕塔（Zapata）和我在费德里科刚起床时就逮到了他。他非常亲切地欢迎了我们。加西亚·洛尔迦向来是亲切的化身。优雅的，难以超越的安达卢西亚的亲切。这位年轻诗人的灵魂中，洋溢着诞生了他的格拉纳达平原的欢乐。《耶尔玛》的作者坐在光明透亮的房间里，被书和画包围着，

---

[1] 本篇访谈1935年5月发表于马德里的《舞台》（*Escena*）。

心情十分愉快。

"没有比这更叫人快乐的屋子了。到处都是亮光,很多很多亮光……一间朝天井的房间也没有,全是朝街的,有些朝向阿尔卡拉大街,有些朝向纳瓦埃斯(Narváez)街……多亮啊,多好啊!"

加西亚·洛尔迦对阳光有种歌德式的狂热。在明亮的春日中,每分每秒对他而言都是享受。广播也是他的一大乐趣所在。

"我几乎一整天都在听广播。我很喜欢阳光,也很喜欢收音机。在这方面,我还注意到,报纸上缺少一个专门评论广播的版块,缺少对广播节目的日常评价……对,是这样……应该设置这么一个版块……绝对会很有意思……好吧,尼古拉斯,你给我带来了些什么问题?"

于是《吉卜赛谣曲集》的作者——诗歌与艺术的篝火中的烈焰——全情投入访谈。记者问了六个问题,而费德里科·加西亚·洛尔迦,这位"绿月亮的黑小伙"给出了六个充实的回答。

第一问，对于新戏剧，你最看重的核心特征是什么？

戏剧创新的问题和造型艺术密切相关。表演有一半靠的是节奏、色彩、舞台设计……我认为其实不存在旧戏剧和新戏剧的分别，只存在好戏剧和坏戏剧的分别。政治宣传剧倒确实是一种新戏剧，它的内容完全是新的。至于形式，新的形式，是由舞台导演实现的，前提是他具备表现的能力。一部古代剧作，如果表现得好，布景做到极致，也能给人以新戏剧的感受。《唐璜·特诺里奥》(*Don Juan Tenorio*)是我能想出来的最新的戏剧，如果有人委托，我就会导这部戏。戏剧从浪漫主义走到自然主义，再到现代主义（小型艺术实验剧），最后总是要回到诗剧，回到大众戏剧、"戏剧的戏剧"、活的戏剧……每一类戏剧之为戏剧，都是因为它们跟随时代的节奏，汇集时代的情感、苦痛、斗争和厄难……戏剧必须吸收当今生活的全部变迁。过去那种只在幻想里培育的戏剧，并不是戏剧。戏剧必须能拨动人的心弦，就像吸纳了整整一个时代的拉丁语戏剧的古典戏剧一样。我在当今的西班牙戏剧里没有看出任何特征。只有那么四五个创作者，后边跟着一群模仿的人，这些人写出来的戏剧质量当然就更差。当今的危机是作者的危机，不是观众的危机。作者写的东西叫人不感兴趣……

第二问，和黄金世纪的古典戏剧相比，你对当今的西班牙戏剧有什么想法？

（费德里科露出意味深长的表情。他亲切又戏谑地微笑着：）

我们就不谈这个了吧……

第三问，作为创作戏剧诗的诗人，你对戏剧中的诗歌有什么评价？

经久不衰的总是诗人的戏剧。戏剧总是在诗

人的掌握之中。诗人越伟大，戏剧就越出彩。我说的并不是——当然不是——抒情的诗人，而是戏剧的诗人。西班牙戏剧中的诗歌总是非常夺目。人们习惯了用韵文写成的诗剧。一个作者如果会写些韵文，哪怕还算不上诗人，也已经能得到一些观众的尊敬。观众尊敬戏剧中的韵文。但戏剧中的韵文并不等同于诗。堂卡洛斯·阿尼切斯（Carlos Arniches）几乎比当今所有写押韵戏剧的作者都更像个诗人。没有诗意的氛围，没有创造，就不可能有戏剧。连堂卡洛斯·阿尼切斯最短的一部独幕喜剧里都有幻想的存在……只有诗人的作品才能永垂不朽，相反，有成百上千的作品，尽管是用精美的韵文写成，却已经被装殓埋葬。

第四问，我们当今的戏剧中还有什么19世纪的遗存吗？

已经什么也不剩了。可能还有一点通俗剧的影响吧。那些写通俗剧的糟糕作家或许影响了当今的作家们……但是，浪漫主义戏剧已经连影子都看不到了。这是西班牙戏剧的不幸。人们对浪漫主义是多么抵触啊！自然主义和现代主义铲净了浪漫主义的一切幼芽。因此，如今的韵文才如此华而不实。人们会说："韵押得真妙，听起来真美！"可是谁也不会哭，谁的眼中都不会含泪。索里利亚开口时可不是这样。索里利亚的戏剧是诗意的戏剧，浪漫主义的戏剧。《桑乔·加西亚》（*Sancho García*）多杰出！《特诺里奥》多伟大！如今已经不见踪影……我不知道阿德拉多·洛佩斯·德·阿亚拉（Adelardo López de Ayala）是不是能留下些影响。

第五问，我国戏剧在国际上的传播情况如何？

你想象一下……有那么多说西班牙语的国家！我们的戏剧在这些国家有着广大的观众群体。如今，除了英国人，谁也想象不出能有这么多的观众。在这些国家，西班牙戏剧一登台，大城市的观众都会捧场。对我来说，我的作品在布宜诺斯艾利斯的首演和在马德里的首演同样重要。甚至可以在布宜诺斯艾利斯率先首演，我不介意。在墨西哥也可以。那儿的观众完全能领会西班牙戏剧，因为是用他们熟悉的西班牙语写成的，因为语言中有着西班牙的情怀。是语言的灵魂在大放光彩。在翻译中，无论译者是谁，无论译文多么优美，语言的灵魂也会遭到损伤。没办法……你看，西班牙戏剧尽占优势。如今西班牙戏剧到哪儿都很引人注目，未来也很有前景。因为有那么一小撮精英人物，主要是欧洲的精英人物，对西班牙诗歌很感兴趣，反响很热烈。他们注意到西班牙有一群重要诗人，又由此对西班牙戏剧发生兴趣，毕竟戏剧是最共通的体裁。但是，如果要翻译堂卡洛斯·阿尼切斯的剧作，就没法保留它全部的美感，尽管它的确有着普遍的主题。

第六问，也是最后一个问题，费德里科，这个问题是关于你本人的。你的一天如何度过，你怎么开展工作，你更偏爱你的哪些作品？

我生活中的每一天都是不同的。我做了很多工作，现在手头还有不少活。我写东西写得很慢。我要花上三四年时间构思一部戏剧，再用十五天把它写出来。我再怎么成功，也不是那种能拯救一个剧团的作家。我写《血婚》用了五年，写《耶尔玛》花了三年……这两部作品都脱胎于现实。它们的人物都是真实的，主题也严格遵照现实……首先，观察生活，有时阅读报纸，做相应的笔记……再之后，开始思考情节。长久、持续、充分地思考。最后，做决定性的转移：把作品从心中搬上舞台……我说不出更偏爱哪部上演了的戏剧。我爱的是那些我还没写出的作品。

萨帕塔拍了几张相片。随后，我们相互告别。

"多谢，费德里科。"

"为《舞台》效劳是我的荣幸。真诚祝愿您生活顺利。"

这位伟大的安达卢西亚诗人——永恒的诗歌归于他的格拉纳达——亲切地同我们握手。

尼古拉斯·贡萨雷斯·德莱托
（Nicolás González Deleito），1935 年

戏剧与现实：致加泰罗尼亚工人 [1]
（1935 年）

安达卢西亚诗人

诗歌王国里最出类拔萃的一位诗人来到了我们中间。费德里科·加西亚·洛尔迦出身低微，是农民的儿子，来自贝提卡行省的一座小村丰特瓦克罗斯。他深爱着他的土地，深爱着那里的生活、阳光、颜色、女人和公牛。像他谣曲中写的那样，他是个地道的吉卜赛人。如今他声名远扬，比谁都要年轻，却已蜚声伊比利亚文坛。

他简单、质朴、热情、可爱。和他聊上一小

---

[1] 本篇访谈 1935 年 9 月 27 日发表于马略卡岛的《时刻》(*L'Hora*) 第三期。《时刻》是华金·毛林（Joaquín Maurín）领导的工农联盟党的机关文化刊物。该党派 1935 年 9 月 29 日与马克思主义统一工人党合并。

会儿，就会全心信任他。他话锋机敏，讨人喜欢，讲述的一切都勾起人的兴趣和热情。他天真、善感、尖锐，如孩子般率直地做出反应。他总是面带微笑，积极乐观，有着动人的感性，谁听了他的讲述都会着迷。

他能用最浅显的语言讲述最复杂的事情，在最有趣味的地方做简短的评论。他是感觉敏锐的艺术家，能从万物中择出人性的部分。他这样一个敏感的诗人，不可能只在我们人生的戏剧里做观众。面对可怕的现实，面对不幸、饥饿和绝望，他无法视而不见。小时候，在家乡，他见到贫民过着悲惨的生活，而少爷们在咫尺之外穷奢极欲，在他眼里就像一种嘲弄。

他是个赫赫有名、慷慨无私、信奉无政府主义的知识分子和艺术家。他只在乎令他感动的内在事物，他远离那种充斥着浮名虚誉、繁文缛节的生活，只为接近人民，与人民同甘共苦。他的心和民众的心以同样的节拍跳动，和他们一起笑，一起哭。他自觉个人肩负着责任，要实现一桩集体的事业。不过，他察觉这种责任的方式与众不同，感性但并不感伤，纯粹出自对被压迫者的同情。他是一位真诚、高尚、淡泊名利的人道主义者。他创作诗歌和悲剧，目的是教化。在他眼里，他的作品只是教育的手段。他的创作简朴、美丽、动人、精妙，内涵广博深沉。未来，他将成为工人阶级的伟大诗人。

艺术和社会生活

对我来说，艺术脱离社会生活是荒唐无稽的想象，因为艺术不是别的，正是敏锐的感性对某个生命阶段的解读。

意大利的新世代缺乏重要的艺术成就，您认为是为什么？

意大利和德国都笼罩在暴政之下，这种暴政剥夺了艺术家正常的反应。此外，不允许存在与官方说法不同的解释，而官方说法其实与驱动人际关系的主流背道而驰。

您对俄罗斯有什么看法？

哎，苏联实在是太惊人了。莫斯科是与纽约相对的另一极。我很想亲自到俄罗斯去看看，因为俄罗斯人民的努力堪称奇伟。俄罗斯是阳刚与勇猛的杰作，是人民势不可挡的力量。看看苏维埃文学吧！回到我们之前谈过的话题，苏维埃文学清晰地告诉我们，如果社会生活没有为艺术家提供真正的原料，艺术家就创造不出有价值的作品。而要有这样的原料，就必须补正影响广大人民的外部体制的种种纰漏，我的意思是，必须改革政治体制，更换令其失败的根基，选择新的基石。

戏剧作为教育的一部分

您怎么看待戏剧的未来？

我一向很乐观，现在还要更乐观几分。艺术

戏剧，纯艺术的戏剧，已经一败涂地。你们要是见到它怎样偏离人民群众的道路，就会理解它为何失败。它缺乏环境，缺乏热度。这绝非偶然。问题是这些作者离社会生活太远，于是，他们的作品看起来自然也像外国戏剧一般，与当下格格不入。广大观众想看的是他们自己的生活和问题。注意啊，说不定能用戏剧来引导群众！如果作者能适应大多数人的平均心智，用作品传达观念，让观众清楚地理解，那么，除了他自己的成功——我认为这是个人的成就——他还能完成一桩伟业，实现戏剧的真正使命，即教化群众。

戏剧在教育方面影响不凡。我暂且将诗歌创作搁置，是因为觉得戏剧创作更有意义。我用我的戏剧创作谦卑地为教育服务。

加西亚·洛尔迦和我们谈起这些时热情高涨、兴致盎然，我们看到他对事物的感受和爱究竟深到了什么地步。他的作品必定感人肺腑、扣人心弦，鉴于我们已经见到，他对指引人民的戏剧怀着多么真挚的尊重。

皮斯卡托的戏剧

您对埃尔温·皮斯卡托[1]的戏剧有什么看法？

皮斯卡托有很多有趣的创造。他身上最叫人欣赏的是他的勇气，还有他在统筹安排方面的干劲。他克服了不计其数的困难，成功创造出一种真正的群众戏剧，革命教育的戏剧。可惜，由于一个发现得太迟的问题，他还是失败了。皮斯卡托没能完全适应广大观众。他搬上舞台的都是他认为极有价值的作品，它们也的确极有价值，可惜都太封闭了。尽管过去曾有一段时间，成功似乎常伴他身边，但他最终还是败在了教条主义上。

---

1 埃尔温·皮斯卡托（Erwin Piscator，1893—1966）的《政治戏剧》（*El teatro político*）由萨尔瓦多·比拉（Salvador Vila）翻成了西班牙语。

您为什么不做群众戏剧呢?

我来告诉您……我认为电影蕴含着伟大的可能性,能在观众眼前调动雄壮的劳动者大军。看看俄罗斯电影就知道。俄罗斯电影成就非凡。《战舰波特金号》就是一部杰作,还有别的经典电影,也是一流佳作。以我的戏剧观来看,苏维埃电影非比寻常,空古绝今。《战舰波特金号》很伟大,很伟大。每个场景里都蕴含着一种感性,动人心魄,令人生畏,无可置疑地支配了观众。它是反叛的呐喊、苦痛的呐喊,传达出令人激愤的情感。导演展现出了打动观众的非凡才能。所有主演的动作都堪称完美。看过《战舰波特金号》的观众受到的冲击如此之大,以至于对这部电影永生难忘。好,在电影里,空间几乎是无限的。但是戏剧最多只允许台上站十六个人,多一个就会碍事。得用十六个人来饰演群众。群众发挥作用,是在他们能讲述并实现伟大行动的时候。举个例子,哪一部戏剧作品都放不下一个工人合唱队,因为合唱队必须配备和它的声量相符的情节,然而,在戏剧舞台上实现不了这样的情节。不过,戏剧也有它的使命,就是表现并解决个人内在的问题。戏剧和电影应当互为补充,各司其职。

社会问题

您认为艺术家面对社会问题,应当采取怎样的立场?

艺术家作为生活的观察者,不可能对社会问题无动于衷。这不是我信口开河。我,还有我的朋友,都有这样的经历。你看,我之前怀着对新世界的幻想去了美洲,去那样现代、人们那样趋之若鹜的美洲,却感到了一种绝望。我在街上看见那么多人在卖苹果。其中还有很多年轻人。"买一个苹果吧,先生。"他们悲哀地恳求。他们都是失业的工人,没有工作能做,只能到街上乞讨。

我听说光是美国就有一千两百万失业者的时

候,吓了一大跳。你们看到了,就算只是走马观花,也能看出当今的社会悲剧已经到了什么地步。一个人只要还有一丁点儿人道主义精神,就不可能无动于衷。我有一本书很快就会出版[1],刚刚和你们说的这些,在里面都写到了。那些只了解我从前作品的人,恐怕不会喜欢这本书。他们或许会认为我的道路彻底地、完全地改变了。但其实在内心深处,我和写下第一行诗的我仍是同一个人。只是当今的情势迫使我选择了这样的立场。世界和文明发展的情势深远地影响了人们,如此也是必然。在即将出版的这本书里,我谈论了过去五年间的种种见闻,同时并没有抛弃我的诗歌语言——内心深处,我对它十分满意。

---

1 根据玛加丽塔·乌切莱的说法,洛尔迦指的是《无题的戏剧》。这部剧只留下了已完成的第一幕,很长,内容很丰富,写于 1935 年 7 月至 1936 年 6 月之间,中间有间断(见 M. Laffranque, *Teatro inconcluso*, op. cit., pp. 87–95, y su edición, Barcelona, 1975)。在这一幕中,革命者冲入了剧院。

最后的1936年:
绝响二则

与洛尔迦的文学对谈 [1]

（1936年）

诗歌是街头寻常物

雨落在街上，玻璃镶在窗上。四月清晨，太阳与泥。费德里科·加西亚·洛尔迦探身向一片已死烟囱和瘫痪云朵的风景。他住在阿尔卡拉街四楼，小贩叫卖的声音抵达不了，露水姻缘的情意也难以企及。

费德里科，诗歌是什么？

（房间很小，一盆红花在角落无可挽回地死去。）

---

[1] 本篇访谈 1936 年 4 月 7 日发表于马德里的《声音》，之后收录于 Marie Laffranque, «Federico García Lorca. Conférences, déclarations et interviews oubliés», *Bulletin Hispanique*, 60, 4 (1958), pp. 536–540, *OC III*, pp. 671–676, y *Prosa*, pp. 628–633。

诗歌是街头寻常物。它就在我们身边活动、经过。万物都有神秘之处，而诗歌就是万物的神秘。路过一个男人，打量一个女人，猜测一条狗偏斜的足迹，诗歌就在这些人间事物中。

（诗人更深地沉入内心。我在面前墙上悬挂的镜子中看见他的眼睛，它们什么也不注视。）

所以，我认为诗歌不是抽象的，而是真实存在的事物，从我身边经过的事物。我诗歌中所有的人物都存在过。关键是要找到诗歌的阀门。就在最平静的时刻，"唰"的一下，阀门打开，诗歌闪耀登场。至于男人是不是比女人更能引发人的想象，这问题谈不了。这就是我的回答。不，谈不了。

诗歌寻觅之物

自然，一首情诗里会有性的问题，一首与深渊搏斗的诗里会有宇宙的问题。诗是没有界限的。当我们在寒冷的清晨拖着疲惫的步子，竖起大衣的领子归来，它可能会坐在门口等待；它也可能在泉水里等待，攀上一朵橄榄花等待，或是在天台晾晒的白布里等待。不可能提出一种数学般精确的诗歌，像要去买一升半的油一般。

（费德里科·加西亚·洛尔迦的面庞被忧伤的阴影笼罩着，连他自己都没有注意到。紫罗兰和罗勒会在他的诗里欢笑，但他宽阔的前额却好似唱着窄窗小院的歌谣。他是部落的诗人，因为他永远也不能成为民族的诗人。他歌唱漂亮姑娘和风，歌唱勇敢的卡宾枪手，歌唱"唱着蛇的哑歌的血"；但假如谈起英语，他就会让你饮醉，假如提到宪警，他就会把你的脑袋变成铅块。）

阿维拉的鹳

我最初的诗歌是一个安达卢西亚人能写出的最不安达卢西亚的东西。它是我散文写作的成果。我的第一本书——全世界都知道——是一本散文集。当我遵循灵魂断然的命令，下定决心开始写诗，我便放弃了安达卢西亚的主题，转而歌唱"阿维拉的鹳"。要论为什么，或许可以用另一件事来说明：我不在西班牙，与它远隔山海的那段日子里，乡愁凝聚成的图景并不是格拉纳达的土地或成片的橄榄林，而是阿维拉深墙脚下一个幽深的三月清晨。当我从远处眺望西班牙，它在卡斯蒂利亚展现为寂寞荒芜的广场，像穿街走巷去念《玫瑰经》的老媪。

戏剧是有了人性的诗

戏剧呢？

（站着的加西亚·洛尔迦。从头到脚的加西亚·洛尔迦。一整个的加西亚·洛尔迦。）

戏剧总是我的志向所在。我将生命中许多时间都献给了戏剧。关于戏剧，我的看法有些个人，但坚定不移：戏剧是从书中立起、有了人性的诗。它说话，叫喊，哭泣，绝望。戏剧为需要登台的角色披上诗歌的外衣，又要求他们的骨血都一览无遗。这些角色必须极富人性，必须悲哀到可怖，必须与生活与时日紧密相连，展现他们的背叛，散发他们的气味，嘴唇大胆地吐露他们的爱语或恶言。当今这些被作者搀上舞台的戏剧角色，不能再存续下去。这些角色空洞，内无一物，透过他们的马甲，只能看见一块静止的钟表，一枚虚假的骨头，一粒阁楼里的猫屎。如今，在西班牙，大多数的作者和演员连中等水准都够不上。剧院里的戏剧是为主层的观众而写，但池座和楼座的观众却不甚满意。为剧院主层写作是世上最可悲的事。来看戏的观众都大失所望，而人民群众，这些纯洁、天真的观众，他们不理解邻区的人为何在谈论他们并不关心的问题。演员们对此要负一部分责任。倒不是说他们是坏人，但是……"哎，那谁（此处为某个作者的名字），我想让您给我写一部剧，让我在里面演……我自己。对，对，我想要做这个，我想要做那个。

我想给春装镀上锡。我想要变成 23 岁。您可别忘了。"这样是做不了戏剧的。这样做出来的只是令一位贵妇永葆青春,使一个小伙子永垂不朽,哪怕他已经得了动脉硬化。

无法表演的戏剧即将登台

你的戏剧呢?

我在戏剧上追寻着特定的道路。我最初的几部戏是无法表演的。现在,我想其中的一部《就这样过五年》应该会由安菲斯托拉俱乐部演出。[1] 我真正的追求蕴含在这些不可能的戏剧中。但是,为了展现个性、获得权利,我也创作了其他戏剧。我乐意写的时候就写。我不像那些因循守旧的作家,非得守着一部作品过活。我的最新一部戏,《单身女子罗西塔或花儿的语言》是在 1924 年构思的。

1　演出未能举办。

我的朋友莫雷诺·比利亚（Moreno Villa）对我说："我要给你讲一个美丽的故事，关于一朵花的一生：它叫作多变的玫瑰，记载在一本18世纪的玫瑰图鉴里。"好，"从前有一朵玫瑰……"当他讲完这朵玫瑰的奇妙故事，我也写好了我的戏剧。在我看来，它已经完成了，独一无二，不可更改。但我等到1936年才把这部戏写出来。是岁月打磨了场景，为玫瑰的故事配上了诗行。

一条河边的两个男人

（费德里科·加西亚·洛尔迦谈起科尔多瓦、格拉纳达和塞维利亚四月节。他说话时总把"s"发成"c"。）

我最近正在写一部新戏[1]。它和我以往的戏剧都不同。它是这么一部作品，我在其中一行字也写

---

1 这里指的也是《无题的戏剧》。

不了,因为真相和谎言、饥饿和诗歌挣脱束缚,自行其是,从纸页上逃走。戏剧的真相是一个宗教问题,也是一个经济兼社会问题。在席卷村庄的饥荒面前,世界停滞不前。只要有经济不平等存在,世界就无法思考。我见过这种事。两个男人沿着一条河行走。一个富有,一个贫穷。一个酒足饭饱,一个打哈欠都会污染空气。富人说:"噢,水上那条小舟多么美丽!您看啊,看那岸边开放的百合。"穷人嘟囔:"我很饿,我什么也看不见,我很饿,饿得要死。"当然了。饥饿消失之日,世上会出现人类见所未见的精神繁荣。人们永远也想象不出,大革命之日将会爆发怎样的欢乐。我说话是不是像个实打实的社会主义者?

他正等着玛加丽塔的海底电报。

现在你要去墨西哥了。

我正等着玛加丽塔·希尔古发来海底电

报[1]。应该这个月就能收到。我想着直接去纽约,我之前在那儿住过一年。到了纽约,我想去问候问候老朋友们,他们虽然是美国人,但对西班牙很友好。纽约是个可怕的地方。堪称畸形。我很喜欢在街上漫步,任由自己迷失,但我也承认,纽约是世界的谎言。纽约是装备了机器的塞内加尔。英国人带去了一种无根的文明。他们建造房屋,许多房屋,却从未扎根土地。他们向上生活,向上……但是,我们在下方的美洲留下了塞万提斯,英国人却没有在上方的美洲留下他们的莎士比亚。

(停顿。)

我会从纽约直接去墨西哥。五天的火车。多令人高兴!我在火车里可以看见万物的变换,风景和忧伤的奶牛连绵接续。但没有人跟我说话。你会发现火车容不下对话。别人问你件什么事,你点点头说:"嗯!"仅此而已。坐轮船就正好相反,你总是

---

[1] 玛加丽塔·希尔古这时已经到了古巴。

会发现自己在船舷上挤在一堆讨厌鬼中间。到了墨西哥，我会出席戏剧首演，再做一场关于克维多的讲座。世人对克维多是多么不公正呀！他是西班牙最有趣的诗人。我近几年才喜欢上克维多。我接近他，是在一种寂寞的氛围里。有一次，我到拉曼恰旅行，在因方特斯村（Infantes）落脚。村庄里有荒弃的广场，矗立着胡安·阿瓦德（Juan Abad）塔。近处是幽暗的教堂，上面雕着哈布斯堡王朝的纹章。在无光的教堂里，我听见村里的一个女孩嚎叫着歌颂神明。我走了进去，惊惧交加。克维多就在那里，孤身一人，深埋在不公正的永恒死亡中。我感觉自己好像刚刚参加了他的葬礼。是的，我在一队由精英和无赖组成的随行人员里，陪伴着他。我会在墨西哥谈论克维多，因为克维多就是西班牙。

四本即将出版的书

最后，诗人和我们说起他的作品，他接下来

的出版计划。

我有四本写好的书即将出版:《纽约》《十四行诗》[1]《无题的戏剧》(*Comedia sin título*),还有另外一本。那本十四行诗诗集意味着从宽阔明亮的自由格律漫步回归规定的形式。西班牙年轻一代的诗人正展开这样的征程。

风儿梳过的街道

(加西亚·洛尔迦和我们说这些时,一直在从窗户探出身。污水流淌、风儿梳过的街道上,走过几个男人,他们自己的诗歌之谜伴随在他们身侧。)

费利佩·莫拉莱斯(Felipe Morales),1936年

---

1 这些十四行诗第一次经过授权发表是 1984 年 3 月 17 日登载在马德里的 *ABC* 报纸上。

我是所有人的兄弟 [1]
（1936年）

　　我们伟大的巴加利亚，据他自己所言，已经成为一位野性的讽刺画家，出发跑遍了整片盘绕缠结、几乎难以穿越的西班牙丛林的东西南北。他超凡脱俗的勇气，他所挥舞的锋利而节制的铅笔武器，令他从这场危机四伏的冒险中幸运脱身，正如此前的许多次一般。他浑身是胆，铅笔和钢笔蓄势待发——巴加利亚成了个作家，还是个很出色的作家——要到那些最出色的代表身上探究当今的西班牙精神。诗人、作家、音乐家、科学家、政治家，将在同巴加利亚的对话中鱼贯而行，将自己性格最

---

[1] 本篇访谈 1936 年 6 月 10 日发表于马德里的《太阳报》，之后收录于 Marie Laffranque, «Nouveaux textes...», op. cit., *OC* III, pp. 680-685, y *Prosa*, pp. 634-639。我们参照的就是这个版本。

深处的秘密呈现给读者。无论他们多想掩藏这些秘密,最终都得交出来,因为不管什么人、什么事,都抵挡不了这位伟大画家精准的射击。

那么,读者,您野性但可靠的仆人[1]现在就开始与强健而敏锐的诗人费德里科·加西亚·洛尔迦对谈。

愿太阳神保佑我的吼叫不会刺痛读者的耳朵,正如斗牛士会在退休时剪去马尾,我也知道何时折笔退场。

你为希尔·罗夫莱斯(Gil Robles)的南瓜赋

---

[1] 记者兼幽默漫画家路易斯·巴加利亚(Luis Bagaría)在这次访谈之后又进行了两次访谈,写成三篇《野性讽刺画家的对话录》。后两次访谈的对象分别是 A. 罗德里格斯·卡斯特劳(A. Rodríguez Castelao)和 G. 阿洛马尔(G. Alomar),见 A. Elorza, *Luis Bagaría, el humor y la política*, op. cit.。洛尔迦留有一封寄给他的朋友《太阳报》音乐评论家阿道弗·萨拉萨尔(Adolfo Salazar)的信,日期是 6 月底。他在信中请求对方从访谈中去掉"有关法西斯主义和共产主义的"一段问答,"这种问答此时显得不太谨慎,而且之前也回答过类似的问题了"(见 García Lorca, Federico, *Epistolario completo*, op. cit., pp. 823-824; *Trece de nieve*, núms. 1-2, segunda época, diciembre 1976, pp. 51-54)。

予抒情的色彩,你见过乌纳穆诺的猫头鹰和巴罗哈(Baroja)的无主之犬,那么,能不能告诉我,蜗牛在你作品的纯粹风景中具有什么样的意义呢?

费德里科,我的朋友,你问我为什么喜欢画蜗牛。很简单:对我来说,蜗牛承载着我的回忆,我对它很有感情。有一次,我正在画画,我的母亲走过来,看着我潦草的涂鸦说:"孩子,我到死也不会明白,你是怎么靠画蜗牛维生的。"从此以后,我就管我的画叫蜗牛。现在你的好奇心该满足了吧。

加西亚·洛尔迦,敏锐又深沉的诗人,你的诗歌纤细美丽,生着温和的钢翼,穿透大地之心。你,诗人,相信为艺术而艺术吗?还是说,与之相反,艺术应该为人民服务,与他们一起笑,一起哭?

要回答你这个问题,伟大而温柔的巴加利亚,我得说,艺术这个概念,倘若不是幸运地落于俗套,就会是残忍的。没有哪个真正的人如今还会相信纯艺术、为了艺术的艺术这种陈芝麻烂谷子。

此时,在世界的关键时刻,艺术家必须和人民同哭同笑。必须扔掉百合花束,必须为了帮助那些寻找百合花的人,将半个身子都浸入淤泥。我个人真切地渴望与他人交流。因此我敲响剧院的大门,献上我全部的感性。

你认为诗歌的诞生是令我们更靠近彼岸的未来,还是相反,令来世的梦想愈加遥远?

这个奇特而又难回答的问题诞生自充斥你生活的犀利的哲学思考,只有熟识你的人才能理解这个问题。诗歌创作是一个不解之谜,正如人的降生之谜。诗人听到来处不明的声音,竭力去思考它的源头也是徒劳。我不曾为出生忧虑,也不会为死亡烦心。我惊异地倾听自然和人,模仿他们的教导,不卖弄学识,也不赋予事物我不知它们是否具有的意义。诗人也好,别的什么人也好,都不了解世界的谜底和秘密。我想做个善良的人。我知道诗歌能够升华,我又对驴子和哲人都很善良,所以,我坚信,如果真有彼岸,未来某日,我应该会惊喜地置身其中。但是,人的痛苦,世上不断涌现的不公,以及我自己的肉身与思虑,令我不能搬到星星上居住。

诗人啊,你不觉得幸福只存在于陶醉之中?陶醉于女人的嘴唇,陶醉于葡萄酒,陶醉于美景。将热烈的瞬间收集起来,就能创造永恒的时刻。即便永恒并不存在,反倒要从我们身上习得。

我不知道,巴加利亚,幸福究竟在何处。如果我在学校学过的课文,那篇难以言喻的奥尔蒂·伊·拉腊(Ortí y Lara)教授撰写的文章是真的,那么,幸福只会在天上;但是,如果是人发明了永恒,那么我相信,这世上有许多事物值得永垂不朽,它们因其美丽,因其超越性,能够成为永存秩序的绝对典范。你为什么要问我这些?你希望我们在另一个世界重逢,在一间乐声飞扬、欢笑荡漾、啤酒无尽流淌的美妙咖啡厅里继续对话。巴加

利亚：别害怕，我确信我们会再相见。

诗人啊，你会想念这个野性的讽刺画家提出的问题。如你所知，我是一个羽毛茂密、信仰匮乏的人，我会野蛮地对待痛苦的事情。诗人啊，你再想一想，这生命的悲哀行囊盛开在我父母双唇含糊念出的一句诗里。你不认为，比起穆尼奥斯·塞卡的乐观主义，卡尔德隆·德·拉巴尔卡说得更有道理吗？"人最大的罪／就是在世上出生。"

我对你的问题一点儿也不吃惊。你是一位真正的诗人，无时无刻不在用手指触碰伤口。我真心诚意、简单明了地回答你。如果我说得不对，说得含糊，那只会是因为我无知。

你野性的羽毛是天使的羽毛，在为你的死亡之舞奏响节奏的鼓的背后，有一架玫瑰色的里拉琴，就像文艺复兴前的意大利画家笔下的里拉琴。乐观主义属于那些灵魂只有单一维度的人，那些看不见我们身周那条为了仍有余地的事情流淌的滚滚泪河的人。

敏感而仁厚的诗人洛尔迦啊，我们再来谈谈彼岸的事物吧。我总是重复同一个主题，因为主题也会重复自身。那些来世的信徒，他们如果发现自己身处一个灵魂没有实在的嘴唇可以亲吻的国度，会为此高兴吗？虚无的沉默岂非更好？

我饱受折磨的好巴加利亚啊：你不知道教会说肉身的复活是对虔诚信徒最好的奖赏吗？先知以赛亚说过一句极美的经文："在主之中，压伤的骨头可以踊跃。"我在圣马丁的墓地见过一块碑立在一座空了的坟墓前，在坍塌的墙边如老妇的牙齿般悬挂着。碑上写着"堂娜米凯拉·戈麦斯（Micaela Gómez）在此等待肉身的复活"。因为我们有头、有手，思想才得以表达。生命不希望变成影子。

你觉得当初归还格拉纳达的钥匙是件好事吗？

是件最坏的坏事，尽管学校里教的是另一种说法。一个可敬的文明失落了，它独一无二的诗歌、天文、建筑和其他精妙之处都失落了，取而代之的是一座贫瘠、怯懦的城市，一片涌动着西班牙最糟糕的资产阶级的逐利之地。

费德里科,你难道不觉得,祖国什么都不是,边境注定要消失?为什么一个坏西班牙人比一个好中国人更像我们的兄弟?

我是个彻头彻尾的西班牙人,不可能在我的地理界限外生活;但我讨厌那些只因生在西班牙就自认是西班牙人的家伙。我是所有人的兄弟,我谴责那些蒙着眼爱国,献身于抽象的民族主义理念的人。一个好中国人比一个坏西班牙人与我更亲。我歌颂西班牙,西班牙深入我的骨血,但首先,我是世界的人,是所有人的兄弟。我当然不相信政治的边境。

巴加利亚,我的朋友,提问的不总是采访者,我认为被访者也有权利发问。追逐你的这种对彼岸的焦灼和渴望,究竟从哪里来?你真想超越自己的寿命吗?你不认为这些都已成定局,人无论有没有信仰都无能为力吗?

我同意,很不幸,我同意。内心深处,我是个渴望信教的不信教者。永远消失，这太悲惨，太痛苦了。干杯，女子的芳唇，令人忘却悲哀真实的美酒杯！干杯，风景，令人忘却阴影的光！在悲哀的最末时刻，我只想要一种延续：我要我的身体埋到园子里，这样，至少我能够抵达作为肥料的彼岸。

你愿不愿意告诉我，为什么你漫画里的政治家全都有一张蛤蟆的脸？

因为他们多数住在池塘里。

罗马诺内斯（Romanones）从哪片草地上采来他鼻子下难以言表的小雏菊？

亲爱的诗人，你提到了触及我灵魂深处的一样东西。罗马诺内斯的鼻子，至高无上的鼻子！在我钟爱的这只鼻子旁边，连西哈诺[1]的鼻子都相形见绌。我比罗斯唐享受到的乐趣要多得多。哦，给我悦目的所见装上镜板吧！在去往枫丹白露的孤寂站

---

[1] 法国作家埃德蒙·罗斯唐（Edmond Rostand, 1868—1918）创作的戏剧《风流剑客》（*Cyrano de Bergerac*）的主角，有一个巨大的鼻子。

台上,他们送走了我的雏菊,它们就这样离去了。[1]

人们恐怕没有问过你,你喜欢哪一种花。如今这种问题已不时兴了。我钻研过花语,所以我要问问你:你最喜欢的花是哪一种?你有没有哪一次把它插在领子上?

亲爱的朋友,你问这些问题,是想像加西亚·桑奇斯一样开讲座吗?

老天!我并不想乱弹琴。亲爱的巴加利亚,你赋予笔下的动物以人的情感,这是为什么?

亲爱的洛尔迦,天主教徒认为动物没有灵魂,只有某些走了后门的动物是例外,比如圣罗克(San Roque)的狗,圣安东(San Antón)的猪,圣佩德罗(San Pedro)的公鸡,还有神圣木匠铺里的雄鸽。我关心的是为那些没有靠山的动物们赋予人性,以我的铅笔勾勒它们的高贵,让它们和那些禽兽不如的人形成鲜明的对比。亲爱的洛尔迦,我要

---

[1] 指1931年4月15日罗马诺内斯和王后在埃尔埃斯科里亚尔车站道别的一幕。国王前一晚已经出发前往枫丹白露,王后紧随其后。

问问你两样东西。在我眼中，它们是西班牙最宝贵的事物：吉卜赛歌谣和斗牛。吉卜赛歌谣唯一的缺陷，就是歌词中只会怀念母亲；父亲呢，叫他被雷劈死吧！我看这不太公正。不开玩笑了，我认为吉卜赛歌谣是我们这片土地上的珍宝。

了解吉卜赛歌谣的人很少，因为舞台上表演的常常是所谓的弗拉门戈歌曲，它只不过是吉卜赛歌谣粗劣的翻版。今天我不能再展开谈了，谈起来就会太长，也不太像报纸采访。你刚刚很风趣地说，吉卜赛人只怀念母亲，说得有些道理，因为吉卜赛人生活在母系社会，父亲都不太像父亲，而总是作为自己母亲的儿子生活着。不过，在吉卜赛人的民间诗歌里，也有一些谈论父爱的出色诗歌，但数量要更少一些。你问我的另一个主题，斗牛，它或许是西班牙的诗意和生命力最丰富的蕴藏。令人难以置信的是，作家和艺术家们却不懂得去运用它，这主要是因为我们受到的那种虚假的教育。到了我们这代人，才起来反抗这种教育。在我看来，斗牛是当今世界上最文雅的节庆，是纯粹的戏剧，让西班牙人抛洒最美的泪水与胆汁。只有在斗牛场上，才能最确定无疑地看见死亡被最炫目的美环绕。如果奔牛时节的激昂号角不再响起，西班牙的春天会变成什么样，我们的血和语言会变成什么样？我深深地敬仰贝尔蒙特，这是我的性格使然，也是诗趣使然。

你最喜欢的当代西班牙诗人是？

有两位大师：安东尼奥·马查多和胡安·拉蒙·希梅内斯。前者是纯然的庄重与完美，是人类与天国的诗人，远离一切争斗，做奇妙的内心世界的绝对主宰。后者也是一位伟大的诗人，他为内心激烈的震动而苦恼，为周遭的现实而伤悲，而且，竟还会为最微末之物咬噬。他的双耳谛听着这个世界，它却与他美妙无双的诗人的灵魂为敌。

再见了，巴加利亚。等你回到鲜花盛开、野兽麇集、湍流奔涌的茅舍，告诉你山野的朋友们，不要相信寥寥无几的往返旅行，不要来我们的城市里；告诉那些你以圣方济各般的柔情绘出的野兽，一刻也不要发疯，要装作温驯的家畜；告诉花儿们，不要自恃美丽，人们会给它们配婚，让它们生活在死者腐臭的风里。

你说得对，诗人。我这就回我的丛林去咆哮。我的咆哮比朋友们的美言更动听，有时候，所谓的美言只是低声的诅咒而已。

巴加利亚，1936 年

怀念：未完成

与洛尔迦会面 [1]
（1946年）

1935年九月。"夏季国际大学"在桑坦德曾经的王宫里开设。我置身于阿方索十三世的私人小客厅（风格现代，装潢平庸：怎样的家具啊！怎样的藏书啊！）和校长及其他宾客喝着咖啡。我知道加西亚·洛尔迦也在城里，我已听说了他的诗人名声，尽管还没有读过他的戏剧，也没有读过他的诗；最重要的是，我听人说他创办并领导了"茅屋"剧团，载满西班牙学生的狄斯比斯（Tespis）之车[2]。眼下剧

---

1 本篇访谈的题目为《与费德里科·加西亚·洛尔迦会面》(*Incontro con Federico García Lorca*)，作者是西尔维奥·达米科（Silvio d'Amico）。1946年5月15日发表于图灵的《戏剧》(*Il Dramma*)。见 OC *III*. pp. 637–641。又见 *Prosa*, pp. 569–574。

2 狄斯比斯是公元前6世纪的古希腊演员，被认为是戏剧之父和史上第一位演员。此处"狄斯比斯之车"即代指"茅屋"剧团的车辆。——译注

团正在王宫内演出。一些共同好友替我和他安排了见面。

我正同文人和科学家,还有他们的夫人们平静地交谈着,突然看见一个年轻人,一个身穿蓝色工装的小伙子走进屋里。昨天下午停了一会儿电:他大概是来检查保险丝的工人吧。可是,他却径直朝我走来,黝黑忠厚的脸上绽开最为洁白的微笑,对我说:**我就是加西亚·洛尔迦。**

圣希内斯在上!我还不知道"茅屋"剧团的重要性,但我能肯定,如果未来有人谈起加西亚·洛尔迦在欧洲戏剧史中的地位,如果要管戈顿·克雷格(Gordon Craig)叫"学徒",管斯坦尼斯拉夫斯基叫"大师",管莱因哈特叫"魔术师",管科波(Copeau)叫"苦行僧",管皮斯卡托叫"魔鬼"或者别的什么,那加西亚·洛尔迦,在这些大人物之间,一定叫作"小伙子"。他出生在格拉纳达,整个半岛最非洲的城市。他的个子并不高,头发乌黑,眼睛闪亮,说话时半是热切半是羞怯,像个孩子。我很快注意到他在思考些什么,而且很愿意说出来,便问:"可是,如果您只在您母语的国度表达,我要怎么确保自己跟上您的脚步呢?"

"我会学习曼努埃尔·德·法雅,"他对我说,"他去意大利的时候就说西班牙语,而他的意大利朋友们则用意大利语回复,一切都很顺利。"

我们开始实验。我谈话对象的口音有种极富安达卢西亚特色的柔和,但他不会像别的安达卢西亚人一样吞掉一半的字母;相反,因为习惯念戏剧台词,他的语速如爱抚般缓慢,每句话都发得很明确,精雕细琢。我用意大利语回应,努力模仿他。我们彼此理解,毫无问题。之后,我们很快就热络起来,大声欢笑,时间一下过得飞快,我们忘了自己在说不同的语言,沟通得越来越顺畅。

对。(加西亚·洛尔迦回答了我显而易见的问题。)我三年前创办了"茅屋"剧团。(三年前!可是他看起来还没有三十岁!)我过了三年这样的生活，带领着三十个年轻人。他们都是大学生，除了八位女士，其他都是男人，包括司机、电工和机械师。剧团成员坐一辆大巴车，东西放在一辆卡车上，在整个西班牙巡演。休息的话——姑且说是休息吧——每年我们只在考试将近，年轻人必须投入学业的时候休息。那阵子一过，我们又开始演出。

你们演些什么戏呢？

哎！古典戏剧。"茅屋"剧团就是为此创办的。西班牙古典戏剧是世界上最丰富多彩的戏剧，但西班牙的剧团却只演当下最流行的商业戏剧，这种戏剧都是批量生产的产物，大部分还是翻译过来的。我对学生们说："既然没人乐意在舞台上复兴那些伟大的剧作，我们为什么不做呢？"这就是我们现在在做的事情。

你们现在都有些什么剧目了？

什么都有一点儿，从西班牙戏剧最早的起源开始，一直往后，文人剧和大众剧都有。一部胡安·德尔·恩西纳（Juan del Encina）的牧歌[1]，注意啊，这部剧只在罗马上演过，我说的是罗马啊，已经是四个世纪以前的事了。洛佩·德·鲁埃达的幕间短喜剧，希尔·比森特的作品，塞万提斯的幕间剧，我们也表演卡尔德隆的一部幕间剧，还有一部圣礼剧《人生如梦》（不要跟那部同名的伟大剧作弄混了，相比之下，我还是更喜欢这部圣礼剧），蒂尔索最杰出、最著名的剧作《塞维利亚的嘲弄者》，洛佩·德·维加的两部戏剧《奥尔梅多的骑士》（*El caballero de Olmedo*）和今晚要上演的《羊泉村》。

你们面向的观众是哪些？

所有人。我们在露天表演。我说露天，意思是我们的剧场不是封闭的，上边没有屋顶，四周没有墙壁，没有围栏也没有门票。我们欢迎所有人，谁都可以来看：老爷们，百姓们，抱着吃奶的孩子

---

[1] 指《普拉西多和维多利亚诺的牧歌》。

的女仆们，退休的将军们，从图书馆过来的教师们，路过的孩子们。表演完全免费。

谁来付演员的薪水呢？

付薪水？我可没有工资。谁都不拿钱。

真好。可是你们靠什么生活呢？

原则上，我们靠政府的补贴维生。一年十万比塞塔，养三十个人，外加采购布景、道具、服装和路上用的汽油。忽然有一天，补贴减到了一年五万比塞塔。现在新政府干脆把补贴取消了。

那你们怎么办？

继续演出呗。会有人付钱的。

加西亚·洛尔迦开心地笑起来。

之后，他笑得更厉害了，因为我问他演些什么角色。

不，我不表演！[1] 我挑选，改编，指导舞台和

---

1 事实上，他在圣礼剧《人生如梦》中饰演过"阴影"。

表演，创作音乐和舞蹈；但观众并不知道我是谁。他们只会在开场的时候见到我出来报幕；必须得报幕，因为我们不印节目单。

那他们怎么知道演员都是谁？

他们压根不知道，所有人都隐姓埋名。观众来看的不是演员，而是戏中的角色。

亲爱的加西亚·洛尔迦，你跟我说什么呢：钱也不要，名也不要，那学生们来演戏干什么？

为了享受表演的乐趣，为了在角色中消失的快感，为了创造戏剧。戏剧是毒药，一个人一旦中毒，那就完了，无药可救。这是种疯狂的爱好……此外，等这些小伙子学成了，他们就会各奔东西，我再去挑别的年轻人。

您自己的剧作呢？

您真想知道的话，我写了八部了。最近要上一部喜剧《单身女子罗西塔或花儿的语言》（加西亚·洛尔迦说出这个题目，开始大笑，笑得我也开始笑了）讲的是一个喜剧故事，主角是个唯美主义又多愁善感的老姑娘，就像战前电影里的弗兰切丝卡·贝尔蒂尼（Fracncesca Bertini）[1]那种类型，这么说您可能好懂些，小资产阶级，兜里没有一个子儿，却还要讲法语，故作冷艳。

是啊，我们的彼得罗利尼[2]说："吃东西是不吃的，但法语还是要讲的。"

正是。不过，这部剧跟"茅屋"剧团毫无关系。"茅屋"剧团只演古典戏剧。

您的意思是，我会读到您印刷成书的戏剧……

印刷成书？（又是一阵开怀大笑。）我的剧作是不会付印的，只会拿给剧团去表演。戏剧写出来，是为了让人们在剧场里听的。演出有多长，它

---

[1] 布努埃尔在电影中也表现出对弗兰切丝卡·贝尔蒂尼（1892—1985）战前出演的情节剧的喜爱。

[2] 埃托雷·彼得罗利尼（Ettore Petrolini，1884—1936），滑稽通俗喜剧演员兼剧作家。

们的寿命就有多长，仅此而已。如果第二天观众还想再看，戏剧就能复活一次，或者是二十次，五百次；但是往后就结束了。戏剧美就美在一诞生就消散。它是瞬间的艺术，建筑在细沙之上……您今晚还是来看看吧，我们试图复活洛佩·德·维加，他理应重获生命，哪怕已过去三个世纪。

那晚我又看到了诗人活生生地出现在舞台上面，穿着他的蓝色工装，做着惯常的报幕。在意大利，《羊泉村》是老洛佩最知名，或者说，人们最不陌生的戏剧（可敬可叹的埃齐奥·莱维［Ezio Levi］[1]甚至认为在这部剧里能找到《约婚夫妇》［*Los novios*］的发端）。不过，我想，我这么说应该不会冒犯到谁吧：这些志愿演员更适合呈现作品淳朴的

---

[1] 罗曼语文学家埃齐奥·莱维1934年在桑坦德国际大学担任老师，也认识了洛尔迦。实际上，他和古列尔莫·马尔科尼（Guglielmo Marconi）、路易吉·皮兰德娄曾邀请洛尔迦参加罗马的戏剧大会"转向"（Volta），但洛尔迦未能前往（*Epistolario completo*, cartas de fines de septiembre y 29 de septiembre de 1934, pp. 803–805）。

乡村风格，但在戏剧表演的才能上略有缺憾。还要加一句，我注意到在戏剧的最后一场，国王"机械降神"式的介入被删掉了。[1] 大家都知道，原本国王会在结尾处到来主持公道。但坦白地讲，我不太关心别人带着暗示的解释："加西亚·洛尔迦是共和派的好朋友。"

可是，就算最后一幕本应让国王来主持公道，删掉这一幕难道就是死罪吗？两年之后——1937年——我在巴黎突然想起这件事。当年，我怀着亲切而新鲜的柔情倾听《吉卜赛谣曲集》的朗诵，诗人那介乎庄重和忧愁之间的面容久久留在我心中。如今，那张面孔，连带着诗人身穿蓝色工装的快活模样，忽然又出现在我眼前。那是玛德莱娜大道（Boulevard de la Madeleine）的西班牙共产党援助办公室橱窗里的一张肖像，比正常尺寸略大。共产党人信誓旦旦地说，费德里科·加西亚·洛尔迦是被佛朗哥

---

[1] 这场演出是在 1933 年，由阿尔贝托布景，洛尔迦配曲。见 S. Byrd, *La Fuenteovejuna de Federico García Lorca*, Madrid, Pliegos, 1984。

的手下杀害的。国民军则声称不知是何人所为。

回到罗马之后,我再次陷入犹疑。部长仅仅因为敌视《血婚》的作者,就禁止这部戏剧上演。最后欧亨尼奥·多尔斯(Eugenio d'Ors),这位可敬而出众的艺术评论家,替我澄清了疑惑。我1939年在日内瓦认识他,当时他正担任佛朗哥政府的美术司司长,去日内瓦是为了那些被转移到瑞士,以免遭到内战战火波及的西班牙艺术珍藏。

此前我曾提过彼得罗利尼,也许有人会记得他创作的一个小故事:做丈夫的被一个穿黄鞋子的情敌欺骗,结果错杀了另一个穿同样颜色鞋子的人,等他发现自己错了,同那个垂死的人坦白时,那人回答:"没事,没事,人会从错误里学到教训。"愿上帝宽恕我,可是,那个时候,我向欧亨尼奥·多尔斯大喊:"被国民军杀害了!为什么啊!"而他简洁地回答我:"那是个错误。"[1] 我不

---

1 原文为法语。——译注

禁想起这个故事,猛地打起寒战。

事情很明白,是不是?一个错误。人会从错误里学到教训。

西尔维奥·达米科,1935、1939/1946 年

未尽的事 [1]

(1937年)

至今都还有人不愿相信费德里科·加西亚·洛尔迦这位伟大诗人确凿的死讯。心灵不讲道理,不肯接受这消息,尽管很不幸,它已成定论。但是,随着时间推移,最后一丝希望也渐渐磨灭,终告消失。

加西亚·洛尔迦动身前往格拉纳达的几天前,

---

[1] 本篇访谈 1937 年 2 月 24 日发表于马德里的《图像世界》(*Mundo Gráfico*),之后收录于 R. Marrat, «Interview de García Lorca», *La Torre*, San Juan de Puerto Rico, y «La dernière interview de García Lorca», *Les Langues Néolatines*, París, IV (1966)。尽管 A. 奥特罗认为,采访"是在加西亚·洛尔迦回到格拉纳达之前",但 M. 埃尔南德斯(见他主编的《贝尔纳达·阿尔瓦之家》序言)估计时间是在 1936 年年初。A. 贝拉米奇在致 A. 德尔奥约的信中持一样的看法,后者重新收录了这封信(*OC* III, pp. 677–679)。吉布森(Gibson)也收录了访谈全文,但认为采访发生在 2 月的选举之前。加西亚·波萨达(García Posada, *Prosa*, pp. 625–627)在他主编的选集中持一样的观点。

我们曾有机会同这位伟大诗人漫谈。当时，在《耶尔玛》声名卓著的作者的授意下，这次对谈没有发表。但事到如今，已经不必再藏掖。尤其是这次对谈里还列举了诗人至今没有出版，但已经完成或已经动笔的所有作品。谁见证了这场对谈？诗人的律师。诗人的律师？因为费德里科·加西亚·洛尔迦那阵子被卷进一桩奇特的官司，这事至今不为公众所知。

"他们的脑袋是铅的，所以他们没有眼泪……"

以下是费德里科的原话：

你不会相信这事儿有多荒唐，但真是这样。不久前我意外接到法庭传讯，怎么也猜不出会是什么原因，翻遍记忆也想不出个头绪。于是我就去了法院。你知道到了那里，他们对我说些什么吗？就这么一回事：塔拉戈纳的一位先生——顺便一提，我压根不认识——要为我十几年前收录在《吉卜赛谣曲集》里出版的《西班牙宪警谣》指控我。看来是这位先生心中维护权力的狂热愿望沉睡多年，一朝突然燃起，就差没要了我的脑袋。我呢，当然跟检察官详细解释了一通，我这首谣曲的主旨，我对宪警的看法，我关于诗歌、意象、超现实主义、文学和别的一大堆东西的理念。

检察官怎么说？

他是个聪明人，自然听完就满意了。那位宪警队的勇猛捍卫者最后没能成功控告我。

"那些大流口水的读者们……"

我还有六本诗集没有出版，我所有的剧作也都没有出版。全西班牙的编辑都给我寄信，提议要出版我的《耶尔玛》和其他作品；但我太懒了，一天天地拖下去，也没下定决心着手做这事。

诗集的名字是？

《诗人在纽约》。写完好一阵了。我在很多场合都朗诵过里面的片段。这本诗集大约会有三百页，甚至更多。扔到头上可以砸死人。书已经付印了，我想用不了几天就能出版。[1] 书上会配照片和电影插图。那些只在我的谣曲里读到艳情，对着《不贞之妇》大流好色口水的读者想必会对《诗人在纽约》大失所望，因为它是一本朴素的诗集，重点关注社会问题。

诗　集

你完成了的作品还有几本？

诗集的话，五本。诗集总是完成得很慢。《吉卜赛谣曲集》过了五年才出版。另外，我不是在想写的时候写，而是在该写的时候写。有时，是在最

---

[1] 在1936年7月13日前往格拉纳达的几周之前，费德里科把《诗人在纽约》的手稿放在了《十字与横线》杂志编辑部（Federico García Lorca, *Poeta en Nueva York*, Primera edición del original con introducción y notas de Andrew A. Anderson, Barcelona, Galaxia Gutenberg-Círculo de Lectores, 2013, pp. 30-31）。

出乎意料的时刻。《单身女子罗西塔或花儿的语言》首演的时候,我正在宾馆房间里静静地为一本十四行诗诗集收尾[1]。五本诗集的题目分别是:《大地和月亮》《塔马里特诗集》《颂歌》《散文诗集》和《组曲》。在最后这本里,我满怀着爱拾起了许多从前的主题。

戏剧主题:革命,民歌与乱伦

戏剧呢,你完成了或者在酝酿的作品有哪些?

完成了的? 一部无题的社会剧,剧中有大厅和街上观众的参与——街上爆发了一场革命,人们袭击了剧院。[2] 一部发生在格拉纳达平原的安达卢西亚喜剧,有民歌歌手出场——注意,可不是眼下

---

[1] 《黑暗爱情的十四行诗》十一首中的十首写于 1935 年 12 月,用的是瓦伦西亚维多利亚宾馆抬头的稿纸(见 García Posada ed., *Poesía*, Barcelona, Galaxia Gutenberg/Círculo de Lectores, 1996, p. 966)。

[2] 根据负责编辑这部剧作的安东尼奥·莫内加尔(Antonio Monegal)的看法,这部戏剧的名字应该是《人生梦》(*El sueño de la vida*)。见 *El sueño de la vida*, 2020, Madrid, Alianza Editorial。

流行的那种弗拉门戈喜剧！还有一部叫作《鲜血无声》[1]的戏剧。这部戏剧讲的是一桩乱伦事件。要是伪君子听了害怕，最好告诉他们，乱伦主题在我们的文学里源远流长，由蒂尔索·德·莫利纳开创先河，他最好的一部作品就是以乱伦为主题。

我们将对谈中诗人所说的话原原本本记录在此，其中列举了加西亚·洛尔迦尚未出版的全部作品。如果这些作品还留在马德里的话，公共教育部是否应该做些妥善安排，让所有西班牙人都能读到它们？

在我们看来，这是对小玛丽亚娜·皮内达的新郎最好的纪念。他和她一样，都因热爱自由被杀害。

安东尼奥·奥特罗·塞科[2]，1936/1937 年

---

[1] 这部戏剧的构思基于蒂尔索的《他玛的复仇》(*La venganza de Tamar*)。此前洛尔迦在他玛与暗嫩的谣曲里也处理过这个主题 (Laffranque, *Teatro inconcluso*, op. cit., p. 57)。

[2] 安东尼奥·奥特罗·塞科 (Antonio Otero Seco, 1905—1970) 最后流亡法国，以教书为生。